眠れなくなるほど面白い フィギュアスケート案内

織田信成

SB新書
684

※本書に掲載されている内容は、２０２４年12月末日時点での最新のルールや情報に基づいています。

はじめに

今この瞬間にも、世界中でフィギュアスケーターたちがオリンピック出場を夢見て練習に励んでいます。

僕自身も、物心がつく前から氷の上に乗り、毎日練習をしてオリンピックという大きな目標に向かっていました。バンクーバーオリンピックに出場したときは、想像を超える重圧に倒れそうになりながら、他の大会にはない特別な空気を味わいました。世界選手権やグランプリファイナルといった大きな大会は経験していたのですが、世界中が注目するオリンピックはやはり別次元です。手が冷たくなり、頭の中が真っ白になるほどの緊張感は、オリンピックが最初で最後でした。残念ながら夢の晴れ舞台で僕は思うような結果を出すことができませんでしたが、僕の競技人生にとって大きな糧となり、これまでにない経験となりました。

僕がオリンピックに出場できたのはこの一回です。オリンピックだけが持つあの空気をもう一度味わいたい、次こそ満足のいく結果を出したいと、次のソチオリンピックに向けて必死に努力を重ねましたが、最終選考となる全日本選手権で総合4位に終わり、代表3枠に入ることができませんでした。そしてその全日本選手権後、引退を決断しました。

引退後は、指導者としてスケーターを育てること、アイスショーに出演してお客さんに喜んでもらう演技をすることのほか、メディアを通じてフィギュアスケートの解説をしたり魅力を伝えたりすることで長くフィギュアスケートと関わってきました。フィギュアスケートの魅力について語った本も過去に2冊ほど出しています。

そうして約9年間の時を経て、2022年秋、僕は現役復帰をしました。

2024年12月に行われた全日本選手権を終え、あらためて長年スケーターとして氷上を滑っていても色褪せない楽しさや、「表現するとは何か？」というスケートの奥深さを感じることができました。同時に練習したことがそのままできないスケートの難しさや緊張感などは、いつまで経っても慣れないな、とも感じましたが、現役復帰して本当に良かったと思います。僕は2024−2025シーズンで再び現役生活に終止符を打ちましたが、これまで素晴らしい景色を見せてくださったファンの方々や家族には、感謝の気持ちでいっぱいです。

自分で言うのもなんですが、37歳という年齢でシングルスケーターとして競技をするスケーターは、世界的に見てもかなり珍しかったと思います。「なんで？」と疑問に思う人がいても当然です。

なぜ、織田信成は今もなおフィギュアスケートに心を奪われ続けているのか。

それは、フィギュアスケートほど楽しいものはないし、大好きだからです。いやや な、しんどいなと思ったことは数知れません。メンタルが削られすぎて、引退した直後は安堵感が半端なかったにもかかわらず……。

僕はフィギュアスケートという競技の魅力にあらがえないんです。それほど、フィギュアスケートは面白く、魅力あふれるスポーツです。

この本を手に取ってくださったあなたは、フィギュアスケートのことを「なんとなく好きだな」「面白いな」と感じてくれているのだと思います。でも、もしかしたら、「ルールがよくわからない」「見方がいまいちわからない」というのもあるかもしれません。

以前、ロザンの宇治原史規《ふみのり》さんに「フィギュアスケートってゴールデンでやってて、けっこうみんな見るのに、一番ルールを知らないよな」と言われたことがあります。その通りだと思うんです。

よく言われるのが、「応援しているスケーターがすごくいい演技をしたのに、転倒した別のスケーターのほうが点数が高くて、なんかモヤモヤする」といったことです。きっとみなさんも「えー!? なんでー?」って思うこと、ありますよね。ですから、一般の方に解説するときは、なるべくそのあたりをかみ砕いてお話をしようとしてきました。正直言って、フィギュアのルールはすべて理解しようとすると難しいです。やったことのない人にとってはピンとこないものも多いと思います。

でも、大まかなルールを理解するのは難しくありません。なんとなくでもわかっていれば、きっとモヤモヤが減るはずです。さらには、スケーターの個性やプログラムについても理解しやすくなり、「あのスケーターのあのプログラム、良かったよね」という話も入ってきやすくなるでしょう。

そんなわけで、フィギュアスケートのルールを含めた観戦術についてお話しする本書ですが、フィギュアスケートの魅力についても存分に語らせていただきました。この本をきっかけに、より楽しく豊かなフィギュアスケート観戦ライフを送っていただけたら、著者としてこれ以上の幸せはありません！

『眠れなくなるほど面白いフィギュアスケート案内』　もくじ

第2章 魅力あふれる世界のスケーターたち ……71

序　章

100倍楽しめる！
フィギュアスケートの見方

意外と知らないフィギュアスケートの魅力

フィギュアスケートは勝ち負けのある競技であると同時に、芸術的な表現を楽しむスポーツです。競技性と芸術性、その両方があるから面白いんですよね。ただ、フィギュアファンの方の中でも大まかに、「試合が好きな方」と「アイスショーが好きな方」とタイプが分かれるようです（もちろん、両方好きという方もいます）。それぞれ、好きなポイントや着目点があるのでしょう。

ちなみに、織田信成は試合とアイスショー、どちらが好きかと聞かれたら……、「どっちも」としか答えられません（笑）。フィギュアスケートのファンの一人としてもそうですし、スケーターとしてもまた、競技性も芸術性もどちらも好きだからこそ、これまでやってこられたという気がしています。

たとえば、**ジャンプはその難易度と出来栄えで得点がつきます。**二人のスケーターが同じ4回転トウループを同じように跳んだように見えても、まったく同じ点数がつくとは限りません。0・1点や0・2点のような微妙な差がつきます。完全に同じ跳び方をするなんていうことはないからです。その微妙な差はどういうところから生まれるのかというと、ジャンプ前後のスピードや、ジャンプの高さ、回転軸の細さ、ジャンプ全体の美しさ。そういうところが加点されて、ちょっとずつ差がついていくんです。

高得点を狙って技術を磨き、突き詰めていくのは、競技者としてとても楽しいことです。一つひとつの技に点数がつき、得点シートを見れば何がどのように評価されたかというのがよくわかります。見る側としても、「あの技はすごいと思ったら、やっぱり高得点が出たんだな」とわかって面白いと思います。微妙な差でも勝ち負けが決まり、そこに生まれるドラマが面白いという人もいるでしょう。

それから、アイスショー的な美しさや表現力を追求する面白さ。僕は、**フィギュアスケートはスケーター自身が年齢を重ねるほどに魅力が増していくスポーツ**だと思っています。もちろん体力的な衰えはあるので、難しいジャンプが跳べなくなるなど、年々、瞬発力を必要とする技は難しくなっていきます。でも、音に合わせて滑りながら表現をするという面では、どんどん上手になっていくんです。スケーターが選手生活を終えて、ショーなどで活躍するとき、現役時代より表現が素晴らしくなっているということは多々あります。アイスショーを楽しみにしている方が多いのは、そのようなスケーターの氷上での身体表現に心を震わすからではないでしょうか。男女問わず、俳優さんが年齢を重ねて演技に深みを増していくように、フィギュアスケーターも良い演技ができるようになっていくんです。いろいろな経験をしてきたからこそ醸し出せるものがあるんですよね。難しいジャンプを跳んで「おおー！　すごい！」という感動と同様に、音楽に合わせて踊る美しいスケーティングを見たい人は多いのだと思います。

芸術と技術の融合を楽しむ

ジャンプなどの技術を追求するスポーツと芸術的な表現、そのどちらかの視点で見るというのもいいのですが、「融合したものとして見る」のも一つです。

芸術と言われている部分も技術であり、技術と言われている部分も芸術なんです。なんだか禅問答みたいですね（笑）。つまり、指先まで伸ばすとか、素早くポジションを取ってきれいにスピンをするとか、細かい技術がなければ芸術的な表現をすることはできません。ジャンプにしても、その技術を突き詰めると芸術的になるのです。ですから、みなさんがテレビで見る世界トップクラスのスケーターたちのフィギュアスケートというのは、芸術と技術が融合されているのだと言ってさしつかえありません。

ただ、フィギュアスケーターがみんな融合できているかといえば、そんなことはないんです。融合は実はとても難しいことです。というより、融合できているから世界トップクラスになれるのであって、アートとテクニックがマリアージュされた人たちの個性のぶつかり合いがオリンピックや世界選手権、グランプリファイナルといった大会なのです。

観戦する際は、そのマリアージュ具合を楽しむという感覚がいいと思います。たとえば、ジャンプも踊りもきれいだけれど、スケートリンクを広く使うスケート技術が伴っておらず、小さくまとまっていることで点数が低くなる場合があります。また、スケート技術があり、スピード感もあって、リンクをめいっぱい使って動いているけれど、ところどころ音に合っていない場合もあります。**マリアージュ具合が大きく美しいほどいいのですが、スケーターによって個性がある**んですよね。

マリアージュの形がきれいな丸だけれど全体として小さいスケーターと、マリアージュの形はいびつだけれど全体として大きいスケーター、どちらの評価が高くなるかはその都度異なることもあります。そんなところも面白さの一つです。ですが、テレビではスピード感やリンクの使い方などがわかりにくいこともあって、とくに観戦初心者の方は「あのスケーターのほうが良いと思ったのに、どうして?」とモヤモヤすることもあるかもしれません。

フィギュアスケートをテレビで見て、「なんとなくいいな、もっと知りたいな」と思ったら、一度ローカル（地元の小さな大会や、東京選手権などの地方大会のこと）の試合を見に行ってみるのもいいんじゃないでしょうか。芸術と技術が融合される前のフィギュアスケートも見ることができるので「なるほど」と思ってもらえると思います。「このスケーターは技術がすごいな」「あのスケーターはジャンプで失敗したけど、音楽に合わせた動きが美しいな」という感じで、フィギュアスケートを楽しむ視点が意外とわかりやすく見えてくるかもしれません。いきなりローカルの試合を見るのはハードルが高いでしょうが……、面白いと思います！

スケーターそれぞれの感性に触れる

芸術と技術を融合させる前の段階では、どちらを中心に練習し、伸ばしていくかはスケーターによります。

フィギュアスケートには「バッジテスト」と呼ばれる進級テストがあり、大会に出場するためには級を取得する必要があります。

初級から8級まであり、国内の大会でシニアのカテゴリーに出場するためには、7月1日までに7級を取得した17歳以上のスケーターであることが必須条件なんです（ただし、ジュニアからの推薦などの場合は除く）。級によってさまざまな課題が決まっているため、フィギュアスケートの指導では基本的に進級テストに向けて技術を教えます。でも、ジャンプではなくステップや踊りが好きで、そちらを一生懸命練習する人もいます。

このように、**その人自身の感性によって、芸術的な部分が先に伸びる場合もあれば、技術的な部分が先に伸びる場合もあり、さまざま**です。

ちなみに僕自身の話をすると、完全に技術が先でした。というのも、スケートを始めた頃はジャンプがそれほど得意ではなかったので、上手に跳べるようになることに集中していたからです。そのかいあって、ふと気づけば、僕の長所はジャンプだということになっていました。芸術的な部分に目覚めたのは、高校3年生の夏、カナダに練習しに行ったことがきっかけです。

当時は慣れない海外ということもあり、カナダに行くことには抵抗があったのですが、初めてカナダの先生に振り付けをしてもらったことで、今までと違う感性に触れることができたんです。言葉にするのは難しいのですが、日本とは違う感性で滑り、表現していることを感じたのです。

音に合わせて滑るということ、表現するということ。ジャンプ一つとっても、ただ跳ぶのではなく、難しい動きから入ってジャンプし、美しく着氷して次の動作にうつるという、一つひとつの動きを丁寧に教えてもらいました。

「フィギュアスケートって、こういうことやったんや！」

目からウロコが落ちまくる毎日を過ごして日本に帰ると、たくさんの人から「滑りが別人のようになった」と言われたんです。

同じスポーツでも国によって違う感性で表現しているというのが本当に面白くて、「フィギュアスケートって深いな」と思ったことを、今でも覚えています。

お気に入りのスケーターを見つけよう

オリンピックや世界選手権で、世界トップクラスのフィギュアスケーターが一堂に会し、同じリンクで滑っているのを見ると、本当にさまざまな表現があることを感じると思います。同じ曲を使ったとしても表現の仕方はスケーターによって違います。**その人の持つ感性や考え方、もっと言うと人生観のようなものがひしひしと伝わってくる**のです。フィギュアスケートを通してそれぞれのスケーターの個性が見えるから、目が離せません。僕は新しいスケーターが出てくるたび、どんなスケートをするのかな、とワクワクして見ます。すると、新しい発見があります。僕がフィギュアスケートをずっと好きでいる理由はこういうことなんです。

フィギュアスケートファンの方には、「このスケーターが好き！」というお気に入りのスケーターがいることと思います。もちろん成績を残しているスケーターに注目は集まりますが、そうでなくても魅力的なスケーターはたくさんいます。お気に入りの選手を見つけ、応援することはフィギュアスケート観戦の大きな楽しみだと思います。

初心者の方は、**あまり難しく考えずに「このスケーターかっこいい」「素敵」と思う人を探してみてください。**そこから深掘りしていくと楽しいでしょう。

好きな音楽から入るのでもいいと思います。**2014―2015のシーズンからヴォーカル入りの曲が解禁され、最近の曲を使うことも増えています。**エキシビション（競技終了後に、上位入賞者などが行うショー）などでは、人気アイドルの曲で踊ったりと本当にいろいろです。好きな曲でどんなスケーティングをしているのかというところからも、楽しんでもらえるのではないでしょうか。

第 1 章

知っておきたいフィギュアスケートの基本

フィギュアスケートの歴史って？

「フィギュアスケートの『フィギュア』って何？」と聞かれることがよくあるんですが、図形（figure）のことです。スケート靴を履いて氷の上を滑ると跡（トレース）が残りますよね。きれいな円を描くことが大事で、僕たちはその円のことを「サークル」と呼んだりします。**実はフィギュアスケートの原点はこれで、エッジに正しくまっすぐに乗ることがめちゃくちゃ大事**なんです。エッジとは、靴底についているブレードの、氷との接地面のことを言います。体重をエッジに乗せ、グラグラさせずにバランスを保ちながらきれいな図形を描くことです。

１９９０年代前半までは、大会でもショートプログラム、フリープログラムの前にサークルの審査がありました。僕が小さい頃は、進級テストの中に「コンパルツリー」といって、ターンしながらきれいに円を描くテストが入っていたんです。今は、時間

ヘンドリク・アーフェルカンプ『そりとスケートで遊ぶ人々』1620年頃、ドレスデン国立古典絵画館

の関係もあって図形課題の審査はなくなりましたが、原点であることには変わりありません。どれだけジャンプがきれいに決まっていても、エッジに正しく体重を乗せられていなければ演技構成点のほうで点数が出ないということはよくあります。

さて、フィギュアスケートの歴史をもっとさかのぼって見てみましょう。スケートの起源は古く、約3000年前の北欧にその痕跡が見つかっているという説があると聞きます。靴に動物の骨で作ったブレードをくっつけ、氷の上を滑って移動していました。

最初は移動の手段だったスケートが、中世以降は娯楽として発展。フィギュアスケートの発祥はオランダだと言われています。オランダでは冬になると、都市と都市の間にはりめぐらされている運河が氷結します。そこをアイスリンクとしてさまざまな人がスケートを楽しんだのです。とくに貴族階級の人たちが優雅さや芸術性を重んじるスケート術を編み出していきました。両腕を前に組んで背筋を伸ばし、片足のアウトサイドエッジ（ブレードの外側）で氷上に弧を描きながら、もう片方の足は後ろに伸ばしてバランスを取るというスタイルが特徴的で、この優雅な滑走術は「ダッチロール」と呼ばれます。

イギリスでは、曲線を滑走する技術に関心が持たれ、さまざまな曲線滑走術が考案されることとなりました。そして、氷の上に一定の図形を描きながら滑走する競技が始まったのです。「フィギュアスケート」が競技の名称となったのは、氷上に図形を描く技術に関心の強かったイギリスの功績が大きいようです。

また、１８６０年代には、アメリカ人のバレエ指導者ジャクソン・ヘインズが、バレエとダンスの要素を競技に取り入れ、さらに音楽を取り入れることを考案しました。こうして滑走技術と芸術を兼ね備えたフィギュアスケートの原型ができていったのです。

ヨーロッパの貴族階級から生まれたフィギュアスケートが世界に広がり、日本では1890年頃にはスケートをしていたという記録が残っています。

1877年（明治10年）に北海道の札幌農学校（現在の北海道大学）へ赴任したアメリカ人教師ブルックスが、スケートを持ち込んだという説があります。またその後、1891年（明治24年）には新渡戸稲造が北海道にスケートを持ち込んだとも言われています。ただし、それ以前に仙台などの寒冷地に住んでいた外国人によってスケートが持ち込まれていたとも言われています。

フィギュアスケート発祥の地については諸説ありますが、たとえば宮城県の仙台市博物館の入り口のところにある五色沼には、「日本フィギュアスケート発祥の地」という記念碑が立っています。

フィギュアスケートがオリンピックに登場するようになったのは1908年ロンド

ンオリンピックが最初です。このときは男子シングル、女子シングル、ペアのほかに「スペシャルフィギュア」という競技が男子のみありました。片足だけでバランスを取りながら、複雑な図形をどれだけ正確に描けるかを競うもので、オリンピック種目となっていたのはこのときだけです。スケートリンクを大きく使い、音楽に合わせてジャンプやスピンを行う現在のスタイルが主流になっていくにつれ、競技としてのスペシャルフィギュアは姿を消すことになりました。

1924年に冬季オリンピックが始まってからは、正式種目として男子シングル、女子シングル、ペアが実施されています（つまり、1908年ロンドンオリンピックと1920年アントワープオリンピックでは、フィギュアスケートは夏季オリンピックの種目でした）。その後、1976年インスブルックオリンピックからはアイスダンスが、2014年ソチオリンピックからは団体戦が加わりました。

……と、ざっと歴史をさかのぼってみました。僕は大学時代にフィギュアスケートの歴史を研究したことがあるので、大まかな歴史はだいたい頭に入っています。

競技の成り立ちを知ると、また少し違って見える部分もあるかもしれませんね。

フィギュアスケートの原点は、氷の上に図形を描くことだった

スケート靴のひみつ

スケーターの相棒となるスケート靴ですが、靴選びはなかなか大変です。まず、スケート靴は靴本体とブレードに分かれています。それぞれに種類があり、自分に合うものを選んで購入します。スケーターによって靴の好みはさまざまで、靴の革が柔らかいものが好きな人もいれば硬めのものが好きな人もいます。ブレードも、つま先部分のギザギザの尖り具合などで好みが分かれます。説明が難しいのですが、**ブレードのさまざまな場所に力を加えたときに受ける感覚が大きく異なるので、細かく見て履いて確認しながら決める必要があるのです。**

靴とブレードを選んだら、靴底にネジでブレードを取り付けます。ブレードをどこにつけるかがめちゃくちゃ大事です。真ん中につければいいわけではなく、自分の重心が一番乗りやすい位置につける必要がありますし、1足1足手づくりされているものが多いため、靴の左右でも微妙にズレがあるからです。それこそ0・1㎜単位で変えながら、ちょうどいい位置を見つけるという感じで、延々と悩むスケーターもいます。それまで使っていたものと同じブランドの靴を新調しても、履いてみると「なんか違う」ということもよくあります。

僕には足の形や体重の乗せ方の癖をよくわかってくれている十年来の靴屋さんがいるので、相談しながら決めることができますが、そうでなかったら本当に大変だと思います。靴に悩む人は多く、年間で10足以上替えているような人も見てきました。

昔に比べて靴もブレードも進化し、種類も多様になっています。ですから、いったん決めたあとも、より軽量の靴や進化したブレードに変えるということもあります。

↓

スケート靴は靴本体とブレードをそれぞれ選んで、ちょうどいい位置に取り付ける

世界中のフィギュアスケーターに愛されている2大スケート靴メーカー

・EDEA《エデア》（イタリア）

靴の軽さに定評があり、革が柔らかいものから硬いものまで種類が豊富です。今僕が使っているのもエデアのスケート靴です。靴のバネでジャンプを跳びやすいという特徴もあります。

・JACKSON《ジャクソン》（カナダ）

柔軟性に優れた靴が多く、柔らかい靴が好きなスケーターはジャクソンのスケート靴をよく履いています。

Column

スケートリンクの貸し靴、どう選ぶ？

スケート靴は1足数万円～10万円程度と、決して安いものではありません。スケートを習っている人でなければ、スケートリンクでは靴を借りて滑ることが多いと思います。一般の貸し靴は、僕たちのようなフィギュアスケーターが履いているスケート靴とは違って、エッジが鋭くありません。スピードを出して滑ったり、回転したりするのはやりにくいようになっています。

ですから、貸し靴ではあまりスピードを出そうとせず、無理せず楽しく滑ることを心がけていただくのがいいでしょう。

ちなみに、**貸し靴を選ぶときは、足が痛くならないサイズのものを選ぶのが原則**です。「大きめを選ぶのが良い」と言われることがあるんですが（リンクに張り紙がしてあることも）、大きいほうが足が痛くなる場合もあります。ゆとりがある分、靴の中で足が動いてこすれてしまうのです。逆に、ゆとりがないと足が締め付けられてつりやすくなる人もいます。ですから、自分がどちらのほうが好みか、足が痛くなりにくいかで選ぶことをおすすめします。

また、同じサイズでも、ブレードのつき方によってバランスの取りやすいもの、取りにくいものがあります。まずは一度履いてみて、バランスが取りにくいと思ったら別の靴に替えてもらってもいいかもしれません。

ジャンプは全部で6種類

フィギュアスケートのジャンプは全部で6種類あり、全種類とも右足で後ろ向きに降ります。**難易度の高い順から、アクセル、ルッツ、フリップ、ループ、サルコウ、トウループ。**「聞いたことはあるけれど、どんなジャンプのことを指しているの？」と、わからない方も多いのではないでしょうか。実際に見分けるのは難しいジャンプもありますが、それぞれの特徴をなんとなくでも知っておくと、よりフィギュアスケート観戦を楽しめると思います。簡単に解説していきましょう（ここでは左回りのジャンプについてお話しします。右回りのジャンプを跳ぶ場合には、以下の説明の左右は反対になります）。

アクセル

アクセルはもっとも見分けやすいジャンプです。**前向きで踏み切るジャンプはこれ**

アクセル

すべてのジャンプの中で唯一、前向きに踏み切る

しかないからです。後ろ向きに滑ってきて、前を向いて左足をつき、そこから右足を振り上げて跳びます。伊藤みどりさんや浅田真央さんが選手時代に得意としていたトリプルアクセルは、この跳び方で3回転半しているものです。「トリプル」といったら「3回転」のことですが、アクセルの場合は前向きで踏み切って後ろ向きに降りるため、半回転多くなるのです。一番難しいジャンプと言われており、得点（基礎点）も高くなります。

ルッツとフリップ

左足に体重を乗せながら後ろ向きに滑っ

て、右足のトウ（つま先）を突いて跳び上がるジャンプです。ルッツとフリップ、どこが違うのかというと、踏み切り時の軸足である左足のブレードの角度です。**ブレードを外側に倒した状態（アウトサイドエッジ）ならルッツ、内側に倒した状態（インサイドエッジ）ならフリップ**です。この角度によって滑走のカーブに差が出るため、プロが見れば「ルッツを跳ぼうとしているな」などとわかるのですが、見分けるのはかなり難しいと思います。

見分けるポイントの一例はこんな感じ（これとは違う跳び方もあります）。

- **左足後ろ向きで長めに滑って、右足でトウを突いてジャンプ→ルッツ**
- **左足でちょんとターンをして後ろを向いた瞬間に右足でトウを突いてジャンプ→フリップ**

ルッツは滑走のカーブ（右回り）とジャンプの回転方向が逆（左回り）になり、滑走の力をしっかりと自分で生み出さないといけないのでフリップより難易度が上なのです。

ルッツ

右足の
つま先をつく
左足外側の
エッジで踏
み切る

フリップ

右足の
つま先をつく
左足内側の
エッジで踏
み切る

ループ

足を交差させるように
右足で踏み切って跳ぶ

ループ

後ろ向きに滑ってきて、そのまま右足で左回りの半円を描きながら跳び上がるジャンプ。トウをつかずにエッジだけで踏み切ります。**小さな半円を描きながらエッジで踏み切っているのが見えたら、ループだと思ってOK**です。比較的、見分けやすいと思います。ちなみに、4回転ループを世界で初めて成功させたのは、羽生結弦さん（2016年のオータムクラシック）です。

サルコウとトウループ

サルコウは、左足で後ろ向きに滑ってき

て、そのまま左足のエッジで踏み切るジャンプです。トウループは、左足で後ろ向きに滑ってくるのは同じですが、一度右足に重心を置き換えてから、左足のトウを突いて踏み切ります。こう言うと全然違うようですが、この2つのジャンプは見分けがつきにくいときがあります。サルコウもトウループも右足を後ろに振って跳ぶジャンプで、どちらのジャンプも踏み切るタイミングが同じだからです。**左足のトウを突いて跳ぶトウループなのに、トウの突き方が甘かったりするとサルコウに見える**ことがあります。僕たちプロであっても、「今のはサルコウ?　トウループ?」とわからないときがあるくらいです。

↓

ジャンプは難易度の高い順から、アクセル、ルッツ、フリップ、ループ、サルコウ、トウループの6種類

サルコウ

トウループ

【図1】各ジャンプの難易度&得点

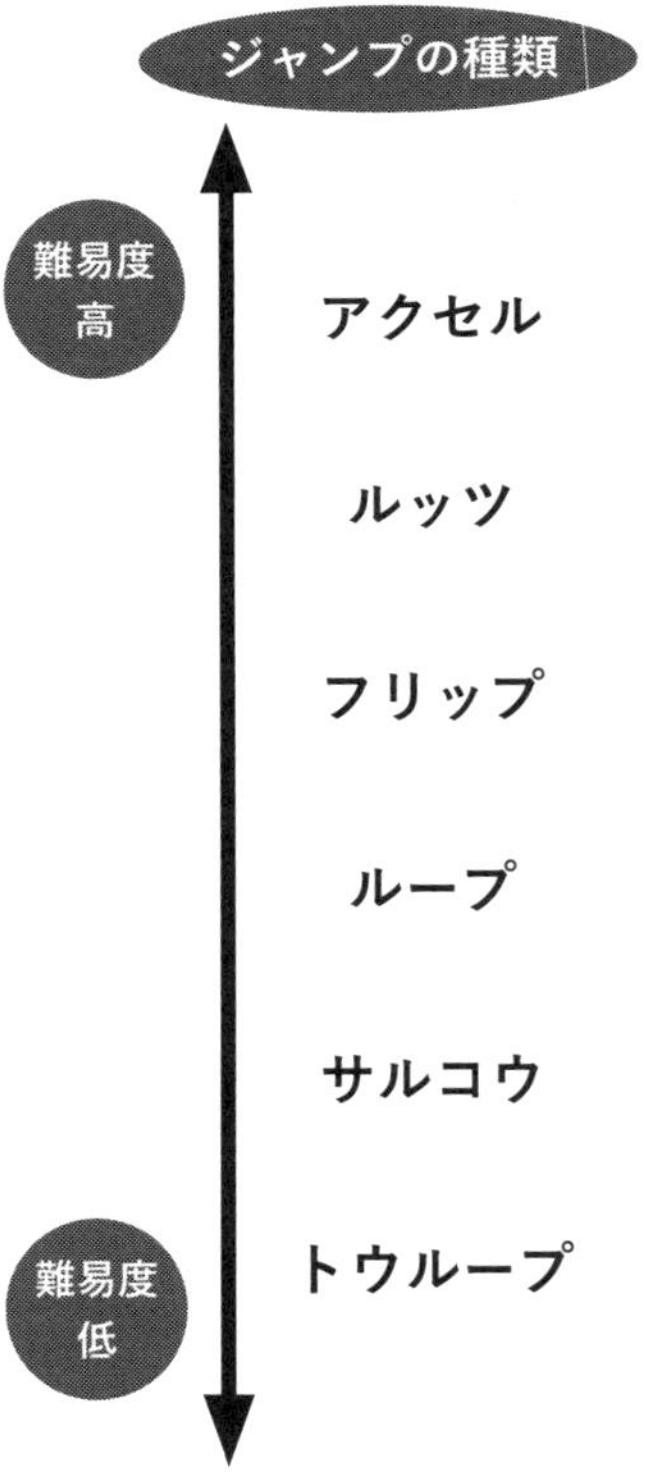

各ジャンプの得点	
名称	基礎点
4回転アクセル	12.50
4回転ルッツ	11.50
4回転フリップ	11.00
4回転ループ	10.50
4回転サルコウ	9.70
4回転トウループ	9.50
3回転アクセル	8.00
3回転ルッツ	5.90
3回転フリップ	5.30
3回転ループ	4.90
3回転サルコウ	4.30
3回転トウループ	4.20
2回転アクセル	3.30
2回転ルッツ	2.10
2回転フリップ	1.80
2回転ループ	1.70
2回転サルコウ	1.30
2回転トウループ	1.30
1回転アクセル	1.10
1回転ルッツ	0.60
1回転フリップ	0.50
1回転ループ	0.50
1回転サルコウ	0.40
1回転トウループ	0.40

跳ぶ5秒前から注目しよう

このようにジャンプは6種類あるわけですが、ジャンプの種類によってタイミングやリンクの中で跳ぶ場所がだいたい決まっていることが多いので、それも手がかりになります。

解説者は、スケーターがジャンプを跳んでから「トリプルアクセル！」のようにコールしますよね。でも、**スケーターは跳ぶ5秒前くらいにはジャンプの軌道に入っています。見慣れると「今からあのジャンプを跳ぼうとしているな」とわかる**んです。

跳ぶ前から注目すると面白いと思います。

ルッツ、フリップ、トウループはトウを突いて踏み切るジャンプです。

一方、エッジで踏み切るアクセル、ループ、サルコウはエッジに体重をかけながら回転させて跳びます。半円を描きながら跳ぶ形になるんです。スケートリンクの国際規格は60m×30mと横に長いのですが、審判団（60mのロングサイドの中央付近にいる）から見て左右の方向（横線）から滑ってきて、カーブして前後（縦）のラインの助走に入って跳びやすいのがアクセル、ループ、サルコウです。逆に、横のラインで跳んでいるジャンプなら、ルッツ、フリップ、トウループです。

今は、さまざまな角度で跳ぶスケーターが増え、一概には言えませんが、基本的にはこのような形で跳ぶことが多いです。

それから、**どのプログラムでも最初に跳ぶジャンプを同じものにしているスケーターも少なくありません。なので、「これからあのジャンプを跳ぶぞ」と思いながら見てみるとわかりやすい**でしょう。

たとえば、坂本花織選手はショートもフリーも最初のジャンプはダブルアクセルです。

回転数まで見極めるのは難しいと思いますが、それぞれのスケーターがどういう難易度のジャンプを跳んでいるのかがわかると「これは高得点なんじゃないかな」など予想もできて楽しめるのではないでしょうか。

スケーターはジャンプを跳ぶ5秒前くらいから軌道に入っている

スピンの種類

ジャンプとともに、大きな見せ場の一つであるスピン。**いいスピンとは、回転が速く、かつセンタリングができていて（回転の中心がずれない）、ポジションが明確であるスピン**です。

たとえば、片足を背後から頭の上まで持ち上げブレードをつかんで回る「ビールマンスピン」という技があります。柔軟性が求められる難しいスピンの一つです。これは持ち上げた足が頭上に見えなければなりませんが、中途半端な位置で回転していると「ポジションが明確でない」ということでレベルアップにつながりません。また、足を持ち上げる際も「よっこいしょ」という感じでゆっくり持ち上げるのも良くありません。素早く明確なポジションを取って、速く回転することが大事なのです。

シットスピン

軸足を曲げ、しゃがんだ姿勢で回転する

シットスピン

軸足を曲げ、しゃがんだ姿勢で回転するスピン。フリーレッグ（氷についていないほうの足）は前に伸ばすのが基本ですが、横や後方に移動させながら行うスピンもあります。

キャメルスピン

フリーレッグを後方に伸ばし、上体とフリーレッグを氷に対して並行にし、膝をお尻より高い位置にキープした状態で回転するスピンです。そのままフリーレッグをつかんでドーナッツの形を作る「ドーナッツ

キャメルスピン

フリーレッグを後方に伸ばし、膝をお尻より高い位置にキープして回転する

アップライトスピン

軸足の膝が伸びた姿勢、あるいは軽く曲がった姿勢で回転する

ノン・ベーシック・ポジション

前述した3つのスピンの条件を満たしていない姿勢

スピン」もキャメルスピンの一種です。

アップライトスピン

軸足の膝を伸ばした姿勢、または軽く曲げた姿勢で回転するスピン。難しいアップライトスピンの中に、前述した「ビールマンスピン」や、片方の足を持ってY字の形で回転する「Y字スピン」、前屈して両足首をつかみながら回転する「A字スピン」などがあります。

ノン・ベーシック・ポジション

前述した3つのスピンの条件を満たしていない姿勢。主にコンビネーションスピンの中でのみ回転することが許されている姿勢です。

↓

スピンの種類は大きく分けるとシットスピン、キャメルスピン、アップライトスピン、ノン・ベーシック・ポジション

押さえておきたいステップの基礎知識

華やかなジャンプ、それからスピンに注目が集まりがちですが、フィギュアスケートでは「ステップ」も重要です。競技の中では「ステップシークエンス」というパートがあります。

氷面を十分に活用しながら、6種類のステップとターンを組み合わせて表現していきます。ステップシークエンスでは、6種類のステップやターンをすべて入れて、かつ、左右両方の足で行う。同じ方向ばかりターンするのではなく、右回りも左回りも3分の1以上入れる。難しいターンを3つ連続して組み合わせたものを入れる……などレベルを判定する要件が決まっていて、すべて満たすと「レベル4」です。よく解説者が「レベルが取れている」「取れていない」と言うのは、この「レベル4を満たすことができているかどうか」のことを指しています。レベル4を満たす構成で作っているのに、「レベルが取れない」のは、疲れてしまって上半身が大きく使えていないとか、ターンが浅くなって1つのターンとしてカウントされないような場合です。

ステップは「ステップシークエンス」だけで行うわけではありません。技と技のつなぎにさまざまなステップを入れます。たとえばジャンプとジャンプの間にターンを組み合わせながら音楽を表現していれば、それは「つなぎが濃い」と言われ、演技構成点で評価されます。

足元の表現力がとりわけ豊かだと思うのは、カナダのカート・ブラウニングさんやパトリック・チャンさん、それから僕と同世代の小塚崇彦さんです。見ていてはっきりとわかるくらい、足元の技術が素晴らしいんです。振り付けがあって、その通りにやっているはずなんですが、自由なステップから音が鳴っているかのように見える。かっこいいなぁと思います。

近年の男子トップクラスのスケーターは、高難度ジャンプを複数回跳ぶ必要があり、その負担が大きいため、天才的なステップを見せてくれるスケーターはそれほど多くはないかもしれません。ただ、やはりそういった**細やかな足元の技術にはみんな憧れており「スケーター中のスケーター」と言ったりします。**練習だけではなかなかたどり着けないというか……、天性の才能があるような気がしますね。

↓

ステップの「レベルが取れている」とは、レベルを判定する要件をすべて満たした「レベル４」を取れているということ

オリンピックのほかに、どんな大会がある？

世界トップレベルのスケーターにとって、もっとも重要で大きな大会といえばオリンピックです。4年に一度の晴れ舞台を夢見て、来る日も来る日も練習を積んでいるのです。

普段はあまりフィギュアスケートを観戦しないけれど、オリンピックでは注目するという人は多いでしょう。それでは、オリンピック以外にはどんな大会があるのでしょうか。

グランプリシリーズ

国際スケート連盟が主催するシリーズ戦。毎年10月にスタートし、ほぼアメリカ、カナダ、中国、日本、フランス、フィンランドの6ヵ国で行われます。フィギュアスケートの「NHK杯」という大会名を見たことがあるかもしれませんが、それはグランプリシリーズの日本大会のことです。

スケーターたちは2大会まで出場可能で、シリーズを通じて成績上位6名だけが出場できるのが12月の「グランプリファイナル」。ここに出場するということだけでも世界トップクラスの証となります。**国によっては、オリンピックや世界選手権への出場権争いにおいて、グランプリシリーズの成績が考慮されることもあります。**

世界選手権、ヨーロッパ選手権、四大陸選手権、全日本選手権

オリンピックに次いで重要な大会となるのが世界選手権です。**オリンピックのない通常年では、トップレベルのフィギュアスケーターはこの大会の出場権を得ることを最終目標にしています。**

次に、ヨーロッパ選手権と、ヨーロッパ以外の国のスケーターが出場する四大陸選手権があります。これらの大会に派遣されるのは各国の国内選手権（日本なら全日本選手権）での優勝者や上位入賞者などです。

日本では、全日本選手権、グランプリファイナル、グランプリシリーズの成績など、さまざまな条件から総合的に判断してオリンピックや世界選手権へ派遣するスケーターが決まります。ここでの優勝者はオリンピックや世界選手権への出場権を得ることになるのです。

↓

オリンピック以外の大きな大会にはグランプリシリーズ、世界選手権、ヨーロッパ選手権、四大陸選手権、全日本選手権がある

ざっくりわかるフィギュアスケートのルール

フィギュアスケートのシングルでは、ショートプログラム（SP）とフリースケーティング（FS）の2種目を実施します。この2種目の得点の合計で最終的な順位が決まります。それぞれのルールを簡単に押さえておきましょう。

ショートプログラム（シニア男子の場合）

演技時間：2分40秒±10秒

ルール

ショートプログラムは、決められた時間内に既定の要素を盛り込むプログラムです。ジャンプの種類や回転数など、細かい決まりがあります。

ショートプログラムは次の7つの要素で構成されています。

・ダブルまたはトリプルのアクセルジャンプ
・3回転または4回転のジャンプ
・2つのジャンプを組み合わせたジャンプ・コンビネーション（2回転と3回転の組み合わせ、3回転同士の組み合わせ、4回転と2回転または3回転の組み合わせ）
・フライングスピン
・足換えを1回だけ行うキャメルスピンまたはシットスピン
・足換えを1回だけ行うスピンコンビネーション
・氷面を十分に活用したステップシークエンス

フリースケーティング

演技時間：4分±10秒

ルール

フリースケーティングは、ショートプログラムの翌日もしくは翌々日に行われます。コンビネーションジャンプの数など、いくつかの決まりはありますが、技を自由に組み合わせて演技することができます。

フリースケーティングは以下の12要素で構成されています。

・最大7つのジャンプ要素（必ずアクセルを1つ含む）
・最大で3つのスピン（スピンコンビネーション、フライングスピンまたはフライングエントランススピン、1種類のポジションだけのスピン）
・ステップシークエンス最大で1つ
・コレオグラフィックシークエンス最大で1つ

スケーターは事前に、ジャンプやスピンなどの技術要素の予定を申告します。審判団が選手の演技を採点する際、あらかじめ技を把握して体勢を整えておく必要があるからです。

しかし、申告と違うジャンプを跳んだからといって減点されるようなことはありません。そのときの調子や狙いたいものによって、スケーターが「直前まで4回転ジャンプにするかどうか迷っていた」などとコメントしているのを聞いたことがある人もいるのではないでしょうか。**申告していた技術要素を本番で変えてもまったく問題ないのです。**

↓

フィギュアスケートシングル、ペアには、ショートプログラムとフリースケーティング、アイスダンスにはリズムダンスとフリーダンスがある

どうやって採点する？

フィギュアスケートの得点は、「技術点」と「演技構成点」の二つの合計で出されます。

まず、「技術点」について。

ジャンプやスピンなどの要素にはそれぞれ「基礎点」が設定されています。難易度によって基礎点は変わります。たとえば、難易度の高い「4回転アクセル」の基礎点は12・50点。「3回転アクセル」なら基礎点は8・00点という具合です。この基礎点をベースに、「出来栄え点」で評価をします。出来栄え点は「−5」から「+5」まで11段階あり、基礎点の10％ずつプラスマイナスされます。たとえば、3回転アクセルを跳んだけれど転倒してしまったとき。転倒すると二種類の減点があります。一つめは出来栄え点で「−5」の評価になり、得点が基礎点の半分になるものです。たとえば基礎点

【図2】基礎点と出来栄え点の表

	最小点	基礎点	最大点
出来栄え点	-5(-50%)		+5(+50%)
4回転アクセル(4回転半)	6.25	**12.50**	18.75
4回転ルッツ	5.75	**11.50**	17.25
4回転フリップ	5.50	**11.00**	16.50
4回転ループ	5.25	**10.50**	15.75
4回転サルコウ	4.85	**9.70**	14.55
4回転トウループ	4.75	**9.50**	14.25
3回転アクセル(3回転半)	4.00	**8.00**	12.00
3回転ルッツ	2.95	**5.90**	8.85
3回転フリップ	2.65	**5.30**	7.95
3回転ループ	2.45	**4.90**	7.35
3回転サルコウ	2.15	**4.30**	6.45
3回転トウループ	2.10	**4.20**	6.30
2回転アクセル(2回転半)	1.65	**3.30**	4.95

8・00点の場合、マイナス50%されて4・00点になるのです。逆に、3回転アクセルが素晴らしい出来栄えで「+5」になれば、50%プラスされて12・00点がつきます。実際のところ「+5」はめったに出るものではないのですが、4回転アクセルの基礎点12・50点とあまり変わらなくなるわけです。

感覚的な話になりますが、僕自身が自分でもきれいに跳べたなと思ったジャンプは、だいたい「+2」や「+3」がもらえます。このくらいならよくある加点です。ところが、「+4」「+5」をもらうのはかなり難しいんです。きれいに跳んでいるどころではなくて「なんてすごいんだ！」「こんなジャンプ、誰にも跳べないよ！」と思うレベルの出来栄えです。

二つめは、そのプログラム全体の得点から「−1点」される減点です。ただし、転倒の数によっては「−2点」「−3点」などにもなります。

そしてもう一つの「演技構成点」についてです。こちらはプログラム全体に対する評価で、「構成力」「演技力」「スケート技術」の3項目。それぞれ0・25点刻みの10点満点で評価されます。

最終的な点数は、「技術点」と「演技構成点」の合計から減点対象となったものを差し引いてつけられます。減点となるのは、制限時間をオーバーしてしまった場合などです。ショートプログラムでは演技を2分30秒〜2分50秒までに終えなければなりません。ちなみに、カウントが始まるのは音楽が始まってからではなく、演技が始まってからです。1秒でも過ぎればマイナス1・0点です。2分30秒に足りない場合も、オーバーした場合も減点です。そのほか、中断、違反などに対して減点があります。

得点は審判団次第で変わる？

採点基準が決まっているとはいえ、審判団の裁量で得点はけっこう変わるのではないか？　という疑問を持つ方もいるかもしれませんね。

言うまでもなく、審判団によって得点が大きく変わるようなことはあってはなりません。

公平を期すため、採点は審判団による偏りが出ないよう考えられています。ジャンプなどの要素の出来栄えを判断するジャッジ全員の評価が反映されるわけではなく、要素ごとに、９人のうち最高値と最低値を外した７人の評価の平均を得点としています。

こうした中で、**万が一、特定のスケーターに高評価あるいは低評価をつけるジャッジがいたとしても、実際の出来栄えと乖離《かいり》があれば除外される**ことになります（ただし、大会によってジャッジの数は異なるため、ジャッジが5人に満たない場合は最高値と最低値を除くことはしません）。

その上で、僕は評価に揺れがあってもいいと考えています。人間が見て判断をしている以上、すべて統一するのは無理だと思うからです。

悪意を持って過小評価する人はいないと思いますので、**周囲の評価を意識しすぎることより、「誰が見ても美しい演技を見せよう」「誰よりも高いジャンプを跳ぶぞ！」など、矢印を自分に向け努力し続けることが大切**だと考えています。かくいう僕も、採点で悩むことも少なくないのですが、「ではなぜ思っていたより点数が低いのか？」という疑問について一つひとつ考えるのも練習だと思います。

現在ではＩＴも発展し、他競技ではＡＩが採点するというような時代が到来しています。そのような中で、0・01点で人生が左右されるフィギュアスケートというスポーツでも採点方式のアップデートが必要なのではないか、と感じます。スポーツは見てくださる方があってのものです。初めて見た方にとってもわかりやすいような点数方式になれば、より多くの方に親しみを持って見ていただくことができるのではないかと思います。

公平を期すための仕組みはあるものの、人間が見て判断している以上、評価に揺れがあるのは当然のこと

第 2 章

魅力あふれる世界のスケーターたち

日本のスケーター

この章では、フィギュアスケート界で注目のスケーターたちについて、それぞれの魅力を僕の視点で語ってみたいと思います。

羽生結弦さん

「歴代最高のスケーター」といえば羽生結弦さんでしょう。オリンピックや世界選手権で羽生さんが残した実績が素晴らしいのはもちろんのこと、**「芸術と技術の融合」というフィギュアスケートの魅力をまさに体現した天才スケーター。**フィギュアスケートにあまり興味のない人でさえ、羽生さんの演技を見ればすぐにファンになってしまうという、魅力あふれる存在です。

僕が羽生さんを初めて見たのは、2009年のグランプリファイナル東京大会です。僕はシニアで出場しており、当時中学3年生だった羽生さんは同時開催されていたジュニアのグランプリファイナルで優勝しました。

羽生さんのスケーティングを見て、すでにトップクラスの選手の素質を持っていることを感じました。シンプルにスケートが上手で、滑っているだけで人の目を惹きつけるところがあったんです。

初めて羽生さんを見たとき、難しいジャンプを跳ぶには筋力が足りないのではないかと思ったのですが、実際の演技を見て驚きました。ものすごくバネがあり、スピード感もあって、まったく減速しないどころかむしろ加速するようなジャンプを跳んでいたからです。正直なところ「僕よりはるかにジャンプが上手やん。これはやばい、やばすぎる」と思いました。**羽生さんのジャンプは、たとえるなら鳥の羽根を上に投げて、落ちてくるのを見る感じ。「舞う」という言葉がぴったりくるようなしなやかなジャンプ**でした。

さらに、羽生さんは柔軟性があるので、男子では珍しく上体を反らす動きを加えることができます。荒川静香さんの演技で有名になった、上体を大きく後ろへ反らせたイナバウアー（つま先を180度開いて足を前後にずらしたまま真横に滑る技）ができるんです。エッジを深く倒して低い姿勢で滑るハイドロブレーディングもそうですが、筋肉や股関節の柔らかさを活かして芸術的な技を見せるのも上手なのです。ジャンプ以外の技もきれいにこなしているのを見て、「ジャンプを跳ぶことばかりを考えているわけじゃないな」とすぐにわかりました。演技として人に見られることをちゃんと意識しているんですね。ジュニアの段階では、多くのスケーターが得点を意識してジャンプに偏ってしまう傾向があります。僕もそうでした。だから、このときすでに芸術面も意識できていた羽生さんは、やはり抜きんでた存在だったのです。

もう一つ彼の特徴を挙げるなら、素直な感情表現です。調子の良いときは勢いに乗っていくし、悪いときも「負けないぞ」「くじけないぞ」という気持ちが見える。感情を素直に出せるんですね。だからこそ、ジャッジにも観客にも羽生さんの気持ちが伝わりやすいのだと思います。感情表現は羽生さんの強みの一つです。

今はプロとしてアイスショーで演技を披露していますが、ファンの方、見てくれている人のことを常に大切にしていることを感じます。音楽に合わせて一つひとつ動きをしっかり考えて作り上げつつ、なめらかに表現しています。お客さんに満足してもらいたいと、考え尽くしているのだと思います。

宇野昌磨さん

2018年平昌《ピョンチャン》オリンピック銀メダル、2022年北京オリンピック銅メダルと団体の銀メダル、世界選手権2連覇などの成績を収めた宇野昌磨さん。そんな宇野さんですが、実はジャンプに関しては苦労もしてきました。宇野さんはジュニアを卒業する少し前にトリプルアクセルと4回転ジャンプを習得しました。完全に習得するまでには時間がかかったようですが、諦めずに努力を続け、2014年ジュニアグランプリファイナルで優勝し、そこから世界のトップスケーターの一人として活躍してきました。もちろん才能もありますが、諦めずに毎日コツコツ頑張ってきたのです。努力家の印象が強いスケーターです。

対して、表現力に関しては、ジュニアの時代から素晴らしいものを持っていました。細かい体重移動や、上半身の使い方、しなやかな動きが上手で「ジュニアとは思えないような表現力を持っているスケーター」と言われていました。優れた表現力で注目されてきたところに、高難度ジャンプが跳べるようになって一気にスターダムを駆け上がっていったのです。

努力を重ねて習得したジャンプ技術は高く、回転軸の細さやその回転軸をとらえるスピードの速さは世界トップクラスです。宇野さんのジャンプは、跳び上がってすぐのタイミングで回転をかけて回ることができ、体幹がほとんどぶれません。テンポの速い曲からしっとりした曲まで、どんな曲でも滑りこなすことができる表現力も強みです。

本人はけっこう淡々としていて「あまり考えていない」なんて言うのですが、一つひとつの動きに気持ちが乗っているのだと思います。氷の上に立てば自然に表現ができてしまうというのが彼の魅力なのです。普段はとても穏やかで落ち着いた感じなので、そのギャップもまた面白いところです。

鍵山優真選手

鍵山優真選手は**スケーティング、ジャンプ、スピン、ステップすべてにおいて、柔らかい関節を活かしたしなやかさが際立つスケーター**です。ジャンプからの柔らかい着氷はよく猫にたとえられますが、鍵山選手のジャンプは動物が持っている極限の関節のしなやかさを見せてくれている感じがします。柔らかいだけでなく瞬発力もあって、美しいのです。美しく見せよう、と意識しなくても自然に芸術的に見えてしまうくらい、一つひとつの動作を極めたスケーターと言えるのではないでしょうか。

技術面でも芸術面でも完成度が高いので、コーンフレークのパッケージにあるような栄養素をあらわした六角形の表のようなものがあったら、大きくてきれいな六角形で表現できるでしょう。僕がコーチだったら何も言うことはありません。しいて言うなら、怪我はしないでねと。練習のしすぎに気を付けて、怪我のないようにしてもらいたいです。

今後、鍵山選手がジャンプなどのエレメンツで失敗をしても、他のスケーターのノーミスの演技より高得点を出すことも起こりえると思います。ミスで失った分の得点を十分に補うだけの、一つひとつのエレメンツの質の高さやスケーティング自体のうまさなどがあり、鍵山選手のスケートはあらゆる面で上質だということです。

アメリカのイリア・マリニン選手という、6種類の4回転を跳ぶスケーターがいるので、鍵山選手は4回転ジャンプを増やしていくのではないかと思います。実際に2024―2025シーズンの前半では、フリーで4回転トウループを一つ増やしています。キャパシティーを増やそうとすると、どうしても他で歪みが出ることがあります。たとえば、難しいジャンプで失敗したときに、それを引きずってしまうようなことがあると非常にもったいない。失敗しても他のジャンプ、スピンやステップに影響がないようにできれば、鍵山選手は最高の成績を残すことができるでしょう。

三浦佳生選手

2024年の世界選手権日本代表。宇野選手、鍵山選手に続く3枠目を勝ち取ったのが三浦佳生《かお》選手です。三浦選手にとっては、このメンバーに選ばれたのは非常に大きいと思います。この初出場の世界選手権ではフリー序盤に転倒があったものの、諦めない強い気持ちで後半は立て直して8位。これからが楽しみなスケーターです。

２００５年生まれの三浦選手は、国際大会に出ているシニアの日本男子スケーターの中で年齢も若く、勢いがあります。**彼のスケーティングからイメージされるのはF1です。ふくらはぎにエンジンがついているんじゃないか？　と思うくらい、スピードがすごいんです。**練習ではスピードを出せていても、本番では緊張のために「落ち着いていこう」と思ったり、しんどくならないようにしたい気持ちが生まれたりして、思いきりスピードを出すのは難しいもの。ですが、三浦選手はいきなりフルスロットルで滑ってくれるから、見ていて気持ちいいんですよね。最初は「え、そのスピードで大丈夫？」と心配になったけれど、一切スピードを落とすことなく最後まで滑り切る様子を見て、すごいなと思いました。

高難度ジャンプも跳び、表現をしようという意欲も感じられます。今の勢いを活かしつつ、あとは、ジャンプを安定して跳んだり、指先や足先などの表現にさらに繊細さが加わってきたりすれば、三浦選手も世界のトップに立てるのではないかと思います。

山本草太選手

山本草太選手もスケーティングがとても上手です。**イメージで言うと、日本刀の職人さんが究極の日本刀を作りながら居合切りをしているような、スパンとした切れ味の良さがあります。**シュッとした見た目とも相まって大人っぽく見えると思いますが、実は天然度が高いというか……、彼が小学生の頃から知っている僕としては「ピュアないい子」と思ってしまいます。

ジュニア時代はネイサン・チェン選手とライバルとして戦っていました。ジュニアグランプリファイナルで2014年、2015年と2年連続で表彰台に上がり、2016年のユースオリンピックで金メダルと、めきめき実力をつけて頭角をあらわしたところで、2016年に練習中に右足首骨折という大きな怪我。しばらく競技から離れざるをえませんでした。どれほど苦しい思いをしてきたことでしょうか。その後3度の手術を経て、2022年のグランプリファイナルで2位に。それでも山本選手は

「頑張ってきた感」を出さないんです。僕だったら出しちゃいそうなんですが、山本選手は人としての器が大きいのでしょうね。大変な怪我に見舞われながらも、トリプルアクセル、4回転トウループ、4回転サルコウと少しずつ、本当に少しずつ跳べるようになって、戻ってきたのです。こうして辛い経験を乗り越えて、精神的な強さも手に入れたのだと思います。最近はさらに身にまとうオーラが強くなってきたように感じます。

友野一希選手

2018年の世界選手権で5位に入賞し、その実力が広く知られることとなった友野一希選手。**明るくてサービス精神旺盛な彼は、お客さんと一体化する能力が抜きんでています。** 最前列のお客さんだけではなく、最後列のお客さんまで巻き込んでしまうのだからすごい。彼の演技は見ていて楽しくなってくるんですよね。

2018年の世界選手権を含めた5つの大会で補欠から繰り上げ出場しましたが、それらの大会でさまざまな自己ベストを更新してきました。

２０２４―２０２５シーズンは26歳と、日本男子の中でかなりベテランになっていますが、新しい振付師にプログラムを依頼するなど、日々進化を続けています。近頃は、しっとりとした曲も使って、大人の演技を見せてくれています。
羽生選手や宇野選手が引退したあと、日本の男子フィギュアスケート界を牽引していくスケーターの一人です。

佐藤駿選手

幼い頃から、ジャンプの才能が光るスケーターとして注目されてきたのが佐藤駿選手です。

２０２２―２０２３シーズンには、グランプリファイナルに進出し、四大陸選手権で3位となるなど、着実に結果を残してきました。２０２３―２０２４シーズン以降は、２０２２年北京オリンピックのアイスダンスで金メダリストとなったギヨーム・シゼロンさんがフリーの振り付けを担当。芸術面で日々進化を遂げている注目のスケーターです。

坂本花織選手

現在、世界選手権3連覇中、全日本選手権では4連覇中の坂本花織選手。**坂本選手には、「あまり大きな失敗をしない」という大きな強みがあります。**ジャンプを跳んだとき、多少回転軸が傾いていたり、自分の思う方向に跳べていなかったりしても軌道修正できる体幹の強さを持っているんです。回転軸が完璧でない3回転ジャンプは失敗するか、回転が足りなくなることが多いものですが、坂本選手の場合はそういうことがあまりありません。

加えて、スピード感も素晴らしいです。速いスピードの中で踏み切り、着氷したあとも流れるように滑るジャンプを見せます。こういうジャンプは高く評価され、高い出来栄え点がつけられるため、得点を稼いでいくことができるんです。

2022年北京オリンピックで銅メダルを獲得し、さらに世界チャンピオンにもなった翌シーズンから振付師を変えて新しい表現にチャレンジしています。常に新しい自分を見つけようとしている感じです。

また、本人は「弱い」と言っていますが、僕はメンタル面も強いと思います。からっとした明るい性格で、試合のプレッシャーにも負けずに立ち向かっていく強さを感じます。2024年の世界選手権は、3連覇がかかる大きなプレッシャーの中で挑みました。ショートプログラム4位から、フリーではすべてのジャンプを成功させ、見事優勝に輝きました。女子での3連覇は56年ぶりというのだから大変な快挙です。インタビューで「いい緊張感でできた」と話していましたが、これほど強いメンタルで試合にのぞむことができるのは並大抵のことではありません。この3年間、世界中から追いかけられる立場で戦ってきました。2026年ミラノ・コルティナオリンピックを大きな目標としています。今後の活躍も期待したいです。

樋口新葉選手

ノービス（9～12歳）の頃から、フィギュアスケートというスポーツでの体の動かし方を最初からわかっているかのようで、才能が爆発していた樋口新葉《わかば》選手。**体重移動の仕方や音のとらえ方など、群を抜いてうまい**んです。天性のものがあるのでしょうね。メインの旋律だけではなく、裏の小さい音までしっかりとらえて体を動かし、完璧に音に合わせて音楽と一体になったようなスケートを見せてくれるので、ずっと見ていたくなってしまいます。「新葉のスケート、すごくいいよね」と、スケーターの中にも彼女のファンが多いんです。

パワーもあるし体操的な体幹の強さもあり、トリプルアクセルのような大技をしっかり決めることができます。

あと一歩のところで、2018年の平昌オリンピック出場を逃す形になりましたが、2021年12月の全日本選手権で、魂のこもったフリー『ライオン・キング』を見せ、2022年北京オリンピック出場を決めました。そして、シングル4位、団体では銀メダリストになったのです。その後休養期間を経て、2024─2025シーズンにはグランプリファイナル4位に。23歳とベテランになりましたが、ジャンプをしっかり決めても体力的に余裕があるので、スケーティングの才能を爆発させることができれば素晴らしい成果を得られるに違いありません。

千葉百音選手

2022―2023シーズンに全日本ジュニア選手権で2位、全日本選手権で5位、そして四大陸選手権で3位という好成績を収めてきた千葉百音《もね》選手。**オリンピック2連覇を成し遂げた同郷の偉大な先輩・羽生結弦さんに続いて、世界の大舞台への階段を上がっています。**

彼女のスケーティングはなめらかで美しく、プログラムではまるで物語を語るように演じる力が感じられます。

吉田陽菜選手

小学校5年生のときに全日本ノービス選手権Bで優勝し、6年生で全日本ノービスAでも優勝した吉田陽菜《はな》選手。一時、腰の怪我のため休養しましたが、復帰後は全日本ジュニア選手権で2019年に3位、2020年には2位と、素晴らしい成績を収め、2年連続で表彰台に立ちました。

2023―2024シーズンには本格的にシニアにデビューし、グランプリシリーズ中国大会で優勝、グランプリファイナルで3位と大きく飛躍。これからがとても楽しみな選手です。

松生理乃選手

松生《まついけ》理乃選手の素晴らしさは何といっても、見る人を虜にするなめらかなスケーティングとそのスピード感。トップスピードからジャンプを跳ぶことができる数少ない選手の一人です。スピードがある状態で跳ぶジャンプは、タイミングの正確さと跳び上がるための筋力の強さ、そして高いジャンプテクニックが求められます。少しでもタイミングがズレると大きなミスにつながるので、ミドルスピードくらいでジャンプを跳ぶ選手もいる中、松生選手の場合は、スピードのあるなめらかなスケーティングが演技の最後まで続いているのがすごいです。

また、エッジのコントロールも素晴らしいです。2024―2025シーズンのフリープログラム『ルクス・エテルナ（永遠の光）』の最後のステップシークエンスでは、大きな拍手が沸き起こりました。このような演技は、高いスケート技術と強い体幹を兼ね備えているからこそ、といえるでしょう。

三原舞依選手

非常に繊細なスケートをするのが三原舞依選手です。ジャンプはふわっと舞い上がるように跳び、柔らかい表現をすることができるのが彼女の持ち味。見ている人がよく「舞依ちゃんのスケートを見ると泣いちゃう」って言うんですよね。彼女の持つ繊細さや優しさが、スケートファンの琴線に触れるのでしょう。

三原選手はジュニアの頃に難病（若年性突発性関節炎）におかされ、苦しい思いをしてきました。体調の心配だけでなく、「復活できるだろうか」という不安がつきまとっただろう、と想像します。それでも、彼女は諦めることなく挑戦を続けました。そういったこともあって、優しさの中に強さも感じられるスケートになっていったのだと思います。試合では強いスケーターたちと戦うことになるわけですから、厚かましく、図々しい気持ちでぶつかりに行くくらいのメンタルが必要です。三原選手は一歩引いてしまうところがあるような気がして、僕は以前「もっとオラオラスケートでいいのに、舞依ちゃん」と声をかけました。すると「私、それはできないです」と言っていました。僕の厚かましさを分けてあげたいくらいです（笑）。

病気を克服してきた強さは並大抵のものではありません。2017年、2022年の四大陸選手権で優勝、2022年12月には初出場したグランプリファイナルで優勝。フィギュアスケートをどれだけ愛していても、強さがなければこのレベルまで戻ってくることはできないと思います。病気などでスケートをできない時期がありましたが、だからこそ、彼女の演技には、スケートができる喜びがあふれていると感じます。

紀平梨花選手

2024年現在は足の怪我のため試合に出ることはできていませんが、紀平梨花選手にも触れておきたいと思います。

紀平選手は足先や指先などの動きが丁寧で抜かりがなく、基本に忠実なスケートを

見せてくれます。体操的な体幹の強さがあるので、トリプルアクセルや4回転ジャンプを成功させる力があります。素早く回転軸を作って大技を決めることができるのは彼女の強みです。

２０１８年12月のグランプリファイナルで優勝した後、２０１９年、２０２０年には四大陸選手権で優勝。２０２１年夏以降は足の怪我であまり大会に出場できずにいますが、今は２０２６年ミラノ・コルティナオリンピックへの出場を目指し、頑張っています。

りくりゅうペア（三浦璃来選手＆木原龍一選手）

日本には通年で使えるスケートリンクの数が少なく、リンクの使用時間に限りがあるため、シングルと一緒の氷の上で練習するのが難しい（リフトやスロージャンプなどは、広いスペースが必要なので）ペアでは、これまで世界トップレベルのスケーターはなかなか出てきませんでした。

その潮目を一気に変えたのが三浦璃来《りく》選手と木原龍一選手のペアです。通称「りくりゅう」ペア。2023年には世界選手権で優勝し、大きな話題となりました。

ペアは二人で一つのものを作り上げますから、二人の相性がとても大事です。ただ単に一緒に練習を繰り返せばいいだけではなくて、なにも言わなくてもお互いの気持ちがわかっちゃうような、長年連れ添った夫婦みたいな感覚が必要なんだろう、と思います。りくりゅうは、インタビューなどを見ても「ほんまに気が合うんやろうな」と思います。**運命的に出会えた、相性ぴったりのペアという感じがします。**

もともと二人ともシングルでやっていたのですが、ペアに転向してお互いに別のパートナーと組んで経験を積んだのち、相性のいい相手が見つかったんですね。ペア結成後間もなくコロナ禍となり、なかなか試合に出ることができなかったのですが、その間に技術を磨き、コロナ禍が明けて一気に世界のトップレベルに駆け上がっていきました。

ペアの競技の豆知識

ところで、ペアの競技には「ツイストリフト」といって、男性が女性を頭上高くに投げ、回転して降りてくる女性を男性が受け止める大技があります（りくりゅうペアは高さのあるツイストリフトをしっかり決めることができます！）。また、他にも「スロージャンプ」といって、男性が女性を遠くに投げ、投げられた女性が空中で回転して着氷するという、距離と高さの出るダイナミックな技もあります。

これはカナダのペアスケーターの女性から聞いたのですが、「スロージャンプには、投げられるのがうまい・うまくない」があるのだそうです。とくにシングルからペアに転向した人は、最初は投げられ方がわからず、つい自分でジャンプを跳んでしまう。そうすると跳ぶ動作が入ってしまうことにより、投げる側もうまく投げられなくなってしまうと。一方、最初からペアスケーターとしてやってきた人は投げられ上手なのだと言っていました。

昔から「ペア大国」と言われている中国では、最初からペアとしてのスケーターも育成しており、投げられ上手な女性、投げ方上手な男性が多くいます。

ペア競技はこのようなことも知った上で見ると、より面白いのではないかと思います。

海外のスケーター

イリア・マリニン選手（アメリカ）

世界のトップレベルのスケーターといえば、まず挙げたいのがアメリカのイリア・マリニン選手です。フィギュアスケートには6種類のジャンプがありますが、そのすべての種類で4回転を跳ぶことができ、史上初の4回転アクセル成功者です。おそろしく難しい4回転アクセルを3回転であるかのように軽々と跳ぶので、「ちょっとジャンプの回転数を分けてほしい」と思っちゃいます。

2023年グランプリファイナルでは、ショートプログラムで4回転アクセル、4回転ルッツ＋3回転トウループ、トリプルアクセル、という今まで見たことのない超高難度のジャンプ構成にまず驚きました。ジャンプは、回転数が増えるほどミスするリスクが高くなるのが普通なのですが、彼は大きなミスが少ないんです。高難度ジャンプでも高い出来栄え点を取れるということは、現行のルールでは「技術点」においてかなり優位に立てるということになります。

ではジャンプ以外はどうなのか。2022―2023シーズンまでは、「ジャンプはすごいがフィギュアスケートの芸術性はこれから」なんて言われることもありました。「演技構成点」での評価が今ひとつ伸びていなかったんです。

しかし、2023―2024シーズンは、かなり芸術面を磨いてきているように感じられました。2022―2023シーズンからは羽生結弦さんの『SEIMEI』などの名作と言われるプログラムを作ってきたシェイ=リーン・ボーンさんも振付師となり、曲の表現に力を入れています。彼はどこまで進化するのでしょうか。

アダム・シャオ・イム・ファ選手(フランス)

2024年世界選手権で金メダルを獲ったのはイリア・マリニン選手で、銀メダルが鍵山優真選手。そして銅メダルがフランスのアダム・シャオ・イム・ファ選手です。

彼は**とても身体能力が高く、非常に美しい動きや美しい形を体で表現できるのが大きな強みです。**コンテンポラリーダンスを見ているような、ヨーロッパの彫刻を見ているような感じ。一つひとつの動きを静止画で見ても美しいと感じる芸術性の高さがあります。そこが人気のポイントで、日本にもファンは多いんですよね。

メンタル面が影響してか、練習では跳べるのに本番ではジャンプが決まらないことが多かったのですが、2024年は少しずつミスのない演技も増えてきました。しかも難易度を上げたプログラムで、です。トレーニングを積んで、本番でも完璧な演技をするようになっています。技術的にもメンタル的にもとても充実している時期なのではないかと思います。

チャ・ジュンファン選手(韓国)

僕が最近生で見て一番感動したスケーターは、韓国のチャ・ジュンファン選手です。彼は**背骨から腰まわりがしなやかで、柔らかい動きが得意**です。羽生結弦さんとはまた違った柔らかさで、羽生さんが鞭のようにしなる柔らかさだとしたら、チャ・

ジュンファン選手は軟体動物のような柔らかさ。20歳を超えてここまで柔軟性が高いスケーターは珍しいです。男性は大人の体になるほど筋肉がつくので、硬さが出てくるものなのですが、彼はそれがほとんど感じられません。驚くほどなめらかな動きが本当に美しいんですよね。

２０２３年の世界選手権では銀メダリストになりました。２０２３―２０２４シーズンについては、怪我もあってジャンプが決まらないことが多く、華々しい成績とまではいきませんでしたが、スケーティングの技術も高く、表現力も豊かなスケーターであることは間違いありません。

彼は韓国の選手です。これだけずば抜けたスケーターがいると、国内でも「自分もフィギュアをやってみたい！」と思う子たちが増えるんじゃないかなと思います。

それから、彼は目線の出し方がすごい。演技終了後、スローで振り返りの映像が流れるのをよく見ると思いますが、そこで見る彼の表情といったら。20代前半でこんなにセクシーな目線が出せるなんて、天賦《てんぷ》の才としか思えません。もしカメラマンがチャ・ジュンファン選手のファンだったら、その目線をとらえた瞬間、カメラごと転がるでしょうね（笑）。僕が真似したらファンの方々に怒られるから、やりません！

ルナ・ヘンドリックス選手（ベルギー）

女子ではルナ・ヘンドリックス選手を紹介しておきたいと思います。

彼女の演技は、初心者の方も見ていて楽しいと思うんです。ベルギー代表としてオリンピックに2度出場しており、2024年のヨーロッパ選手権ではベルギー人として史上初のチャンピオンに輝きました。世界選手権では2022年は銀メダル、2023年は銅メダルを獲得。2024年はおしくも4位でしたが、パワフルで美しい演技に圧倒された人は多いのではないでしょうか。

彼女の持ち味は、ダンサー的なかっこよさです。一つひとつの関節を動かせる強みを持っており、長い手足を活かしつつきれいに踊るんです。リズミカルな曲で踊ることが多く、かっこいいんですよね。エキシビションやアイスショーなどでも目を引きます。テレビで見ても、動きのきれいさや迫力が伝わりやすいと思います。ぜひ注目してみてください。

トップクラスのスケーターは技術がすごいだけじゃない！

こうして見てくると、日本にも世界にも個性豊かなスケーターがたくさんいますね。ぜひ「推し」を見つけて観戦を楽しんでもらいたいと思います。

ところで、世界トップクラスのスケーターに共通する点を挙げるとしたら何でしょうか。世界で戦うためには、高い技術力と芸術性が必要であるのは当然です。ただ、それだけではありません。人間性もめちゃくちゃ大事だと思うんです。僕は子どもたちに指導するとき、「人間性も磨かなければトップクラスにはなれないよ」と伝えています。フィギュアスケートって、人間性が氷の上にあらわれるものだからです。**見る人の心を揺さぶることができるのは、技術力と芸術性だけではなく、「その人そのもの」**なんです。

人間性とはたとえば、人の気持ちを考えられること、自分を大切にすることなどです。一人の人間として、誰と接しても恥ずかしくないような話し方や教養といった部分も大切です。僕は世界トップクラスのフィギュアスケーターたちとよく話をしますが、みなさんちゃんとしています。10代や20代前半の若いスケーターでも、いろいろな経験をして人間性を高めてきているのでしょうね。

スケーターとして僕自身も、人間性の部分も含めて見られているのだということを、忘れてはいけないと思っています。

そういう意味では、**フィギュアスケート観戦の楽しみの一つとして「そのスケーターの人となりを見る」ということがある**ように思います。もちろん競技なので、1位の人が一番で2位の人がその次で、3位はその次というのが前提にあるんですが、どうしてもそれだけでは語りつくせないところがあるんですよね。順位とは関係なく、コツコツ努力していて、人間的な魅力があふれている人は多くいます。失敗しても、それをどう受け止め、どう乗り越えようとしているか。どう成長しようとしているのか。そんな背景やストーリーにも目を向けてみると、面白さ倍増です。というか、僕は泣いちゃいます。『フィギュアほど泣けるスポーツはない！』（KADOKAWA）という本も出しているので、「泣きポイントはどういうところですか」と聞かれることがあるんですけど、スケーターを知った上で演技を見ていると、あらゆるところで泣けるんです。

たとえば、後半にあるステップシークエンスやコレオシークエンス。前半のジャンプがきれいに決まって、ものすごく楽しそうにステップしている姿を見ると泣けるし、逆にジャンプでミスがあっても諦めずに最後まで頑張っている姿を見ても泣けてきます。気持ちが伝わってくるような感じがして、感動してしまいます。

最後のスピンのところで拍手が起こっているときもよく泣いてしまいます。それから、演技が終わったあとの笑顔、あるいは悔しい表情……。全部です（笑）。

お気に入りのスケーターができたら、ぜひバックボーンなども知った上で観戦を楽しんでください。いくらでも泣いていいですからね。

第3章

見方が変わる！ フィギュアスケートの味わい方

足元の技術を堪能する

序章でもお話しした通り、世界トップクラスのフィギュアスケーターは芸術と技術を融合させることができています。

フィギュアスケートならではの「美しさ」、芸術性を語るときに避けては通れないのが、やはり足元の技術です。他のダンスや舞台芸術での芸術性は、上半身の身体表現であらわされやすいのかな、と僕自身は感じますが、フィギュアはまず、足元ありきなんです。エッジの使い方とスケーティングが美しいかどうかは、芸術性を語る上でなくてはならないものだと言えるでしょう。

足元ありきの芸術性って具体的にどんなもの？　と思ったら、羽生結弦さんのスケートをイメージしてもらうのがわかりやすいでしょう。羽生さんは上半身の動きもエレガントですが、足元の技術もしっかりしています。軽いターンや振り向く動作などの簡単な動きでも、小さいものからすべてきれいですよね。

このような細かいところでも人を惹きつけられるのは、エッジの使い方や体のバランス、姿勢が影響しています。足元の技術があるから、ぶれずにいろいろな動きをすることができ、美しく見せることができるわけです。

宮原知子《さとこ》さんのスケーティングも芸術性が高いと思います。ターンや、曲線を滑るときなど、一つひとつの動きが美しく見えるよう計算されています。それはやはり、足元の技術があるからです。

現役の選手では、鍵山優真選手。彼のアシスタントコーチとなったカロリーナ・コストナーさんはとても足元を大事にする方です。ソチオリンピックの銅メダリストで、スケーティングが美しく、ジャンプ以外でも魅せることができるスケーターの一人でした。

言うまでもなく、氷の上はバランスが取りづらいです。少し失敗するとつまずいたり転倒したりしてしまう。しっかりした体幹で重心を移動させながら、まるで陸の上であるかのように踊るとはどういうことなのかは、コストナーさんの演技を見てもらうとわかりやすいかもしれません。

そんなコストナーさんを迎えて、図形を氷の上に描くといった昔からある古典的な練習（コンパルツリー）を多く取り入れるなど、鍵山選手はさらに足元の技術を伸ばしているところです。年々、彼の芸術性は進化しているのではないでしょうか。

ステップで見る「古き良きスケート」

足元重視のスケートのことを、僕はよく「古き良きスケート」と言っています。第1章でフィギュアスケートの歴史としてお話しした通り、昔はもっとスケーティング技術が重視されていました。採点方法が2004―2005シーズンから大きく変わったのですが、その頃までは足元だけのステップが評価されていたように僕には感じられます。

古き良きスケートがよくわかるステップといえば、1994年の世界選手権で優勝した佐藤有香さんのものが有名です。足元の技術で惹きつけ、ワーっと拍手が起こるというとてもかっこいいステップ。フィギュアスケートでは、素晴らしいスケーティングをたとえて「パンにバターを塗るように」という表現が使われることがありますが、それを体現しているのが佐藤さんのスケーティングです。力みがまったく感じられないくらいにスムーズで、また姿勢も美しく何時間でも見ていたくなる、そんなスケーティングです。家に当時の放送の録画があるので、僕はよくあの大会のフリーの映像を見るんですが、きっとみなさんにも「なるほど、こういうことか！」と思ってもらえるはずです。

その後もフィギュアスケートのルールは何度か改正されてきました。今は**上半身の動きや全体の流れなど他の要素も重視するようになっています。足元だけでなく、体全体で表現するものだという認識になっている**のです。ですから、今のステップは上半身の振りも多いですよね。

現在は、足元で音を取るのと同じくらい、上半身で音を取ることも重視する時代になっていると思います。

音楽と演技のマリアージュで生まれる世界観

フィギュアスケートは、曲選びも重要です。**音楽と演技、振り付けがマッチしていると、スケーターの持ち味が際立ちます。**芸術性も伝わりやすくなるというものです。見る側としても、「この音楽が持つ世界観をどう表現するんだろう?」というのは楽しみですよね。

音楽と演技の融合という視点から、印象的だったプログラムをいくつか挙げてみたいと思います。

まず、坂本花織選手が2019―2020、2020―2021シーズンに使っていた、映画『マトリックス』を題材にしたフリープログラム。リリリリリン……と、電話が鳴るところから音楽が始まります。黒い手袋をはめ、黒ベースの衣装に身を包んだ坂本選手が音楽に合わせて動き出します。見る人が一瞬で『マトリックス』の世界に引きこまれるような感じです。何より、坂本選手の持つエネルギーが、アクション系映画の力強さを感じる音楽の雰囲気とマッチしているんです。坂本選手はパワフルなエネルギーを放ちながら、素晴らしい演技をしました。

特に後半のコレオシークエンスでは、スピード感あふれる滑りの中、左足を上げながら審判団スレスレの場所を滑る場面がありますが、まさに映画『マトリックス』の世界で主人公が銃弾をスレスレで避けるようなスリル感あふれる演技なんです。とてもいいプログラムだと感じました。

直近では2022―2023、2023―2024シーズンの鍵山優真選手のフリープログラムが素晴らしかったです。曲は『Rain, In Your Black Eyes』というピアノとヴァイオリンの作品です。前半はしっとりと切ないような音楽に乗せて、鍵山選手のきれいなスケーティングを堪能します。ヴァイオリンも加わった曲は徐々に盛り上がっていき、中盤からドラマチックに展開していきます。最後のステップシークエンスでは鍵山選手の速く端正で品のあるステップに引きこまれます。毎回、最高に盛り上がって終わるんです。音楽と振り付け、衣装、そして鍵山選手の得意な演技が相まって、見る人の心を揺さぶるようなプログラムです。

上半身の動き以上に足元の振り付けに目がいくような、高度なスケーティングスキルを前面に押し出すのが鍵山選手の得意な演技です。その技術がしっかりと曲に合うように、曲の盛り上がりでこれでもか！　と素晴らしい足さばきを見せてくれるところは「古き良きスケート」を思い出させてくれます。

感情表現も見どころ

表現力の中には、足元の技術からくる一つひとつの美しい動き、音楽にぴったり合うような体の動きといった「身体表現」のほかに、「感情表現」があります。演技からあふれ出るような喜び、楽しい気持ち、あるいは「諦めない」「希望に向かって進むぞ」というような強い気持ち。スケーター自身の感情もそうですが、音楽に込められている感情もあります。また、怒りや悲しみがテーマとなっていることもあります。**さまざまな感情を演技に乗せて、見る人に伝えてくれるというのもフィギュアスケートのいいところ**です。

過去の名演技の中には、スケーターの感情表現にぐっときて何度も見たくなるものがいくつかあります。**1998年長野オリンピック女子シングルで金メダルを獲った、アメリカのタラ・リピンスキーさんのフリー**がその一つです。ジャンプを成功させるたびに嬉しそうな表情をしているのですが、すべて満足のいく演技を終えた瞬間、満面の笑みで跳び上がって、とても喜んでいました。「やった！　やり切った！」という感じ。そして観客の声援と拍手に応え、手を振っていました。

それから、同じくアメリカのスケーターで**2002年ソルトレイクシティオリンピック女子シングル金メダリストとなったサラ・ヒューズさんのフリー。**全身から喜びがあふれ出ている、絶好調の演技です。見ているとこちらまで幸せな気持ちになります。「あの演技がまた見たいな」って思うんですよね。

日本のスケーターで感情表現のうまさを感じる一人は友野一希選手です。表情、目線、腕を出すスピードなどにとても感情が乗っているんです。さらに、どんな曲でも、その曲調に合わせた感情表現ができるのがすごいところ。本人のまとっているオーラや雰囲気を変えることができるから、楽しい曲調でもしっとりと切ない曲調でも上手なんです。会場の雰囲気を盛り上げるのも得意です。お客さんも感情が動いて拍手をしたりすることができるし、一体感が生まれるのです。

ただ最近は、比較的感情表現が控えめな人が多くなってきたような気がします。これはフィギュアスケートに限ったことではなく、世相の表れと言えるかもしれません。僕の世代はまだ自由な雰囲気の中で育ってきましたが、今はSNS全盛、コンプライアンス重視の社会環境ですから。確かに、技術面は進歩しています。ジャンプもスピンも上手だしスケーティングもきれい。だからこそ、もっと強く感情を出していってもいいんじゃないかなと思うときがあります。スケーターの内面から強い感情があふれ出ているように映る演技は、とても魅力的ですから。

芸術的作品をスケーターとともに作り出す振付師

フィギュアスケートを芸術的な作品にしているのはスケーターの力だけではありません。コーチはもちろん、それ以外にも裏方として支えてくれている人たちがいます。中でも圧倒的に大きな存在が振付師です。

もちろん、スケーター、振付師によってやり方はそれぞれですが、スケーターと一緒に曲を選び、単に振り付けるだけではなく、プログラムの大きなところから細部まで――一つひとつの演技、表情などに至るまで指導をしてくれます。コーチは主にジャンプなどの技術面を指導してくれますが、芸術面の指導者は振付師と言っても過言ではありません。

同じ曲でも、振付師によってまったく違う作品になります。実力や経験のある振付師はネームバリューもあり、振付師によって点数が出る、出ないという話を耳にすることもありました。その真偽のほどはわかりませんが、スケーターの演技への影響力が大きいことは間違いありません。

振付師に依頼するのは基本的にスケーター自身です。お金もかかるのでジュニアの頃に有名振付師に依頼する人は少なく、シニアに上がるタイミングでコーチと「振付師はどうする?」と相談することが多いようです。シニアで戦っていくためにいいプログラムがいるとなれば、世界的な振付師に依頼しようということになります。

有名振付師はやっぱりすごい！

有名振付師の一人に、シェイ＝リーン・ボーンさんがいます。前述した羽生結弦さんのプログラム『SEIMEI』の振り付けや、近年のイリア・マリニン選手のショート、フリーなどを担当しています。

ボーンさんはプロスケーターとして現在もアイスショーに出演したり、アイスショーのグループナンバーの振り付けをしたりしています。僕はアイスショーで共演したことがある程度なのですが、アイスショーですら、ボーンさんは積極的に僕にどうしたいかをたずね、建設的な対話を重ねてくれました。「ノブはどうしたい？」と聞いてくれるので「こういう技が得意だから入れたい」と答えると、「もちろん、その技を入れていこう。どういう方向に動いたら、その技を出しやすい？」……こんなふうに、スケーターの意向を尊重してくれました。

それに対して、「あなたにはこのプログラムがいい！」とすすめるタイプの振付師もいます。僕自身が初めて外国人の振付師に依頼したのは、2005年の世界ジュニア選手権に向けたプログラムでした。振付師はカナダのデイビッド・ウイルソンさんという方です。彼は僕のスケートを映像で見て、「あなたにはこの曲が合うから、ショートはこれにしなさい」とある曲を持ってきてくれました。それが『スーパーマリオブラザーズ』だったんです。

当時の僕は、はっきり言っていやでした。マリオは好きだけど、その曲で滑っている人なんて見たことないし、恥ずかしいから。でも、まだ高校生の僕は反抗することもできず「とにかく、これがいいから」と押し切られてしまいました。フリーのほうは『座頭市』で、こちらも当時の僕には「音楽が暗くてわからない」というのが正直な感想。でも、ショート『スーパーマリオブラザーズ』とフリー『座頭市』で挑んだこの世界ジュニア選手権で僕は優勝しました。評判もとても良く、今ではどちらも気に入っているプログラムです。

さすがはデイビッド・ウイルソンさん。その後も何度も振り付けをしていただきました。伊藤みどりさんや高橋大輔さん、安藤美姫さん、羽生結弦さんなどさまざまな方の振り付けを担当してきた人気振付師の一人です。

振付師兼コーチとして、ジャンプの技術を教えてくれる方もいます。

振付師によってアプローチはさまざまですから、合う、合わないもあると思います。自分に合う振付師に巡り合えるかどうかも大事なんです。

スケーターは難しい振り付けにどう応える？

鍵山優真選手の印象的なプログラム『Rain, In Your Black Eyes』の振り付けをしたのは、ローリー・ニコルさんです。ローリーさんは長年、浅田真央さんなどの振り付けを担当した有名振付師。僕も『ウィリアム・テル序曲』（2013―2014シーズンのフリー）など、何度かお願いしたことがあります。

実はローリーさんのプログラムは、とても難しいんです。音を足で取るタイプの振り付けなので、タイミングがずれるとごまかせません。上半身はちょっとずれても修正できるんですけど、足がずれると修正が難しいのです。

僕自身は、練習しながら「ここ、どうしてもタイミングが合わへん」というところにぶつかるたび、カナダに行ってローリーさんに相談しながらプログラムを調整してもらっていました。

鍵山選手はローリーさんが振り付けたどんなに難しいプログラムにも応えようとしています。もちろん、ローリーさんも鍵山選手にならできるはず、とチャレンジをさせているのでしょう。今、鍵山選手がこれだけ成績を残せているのは、信頼する振付師の要求にしっかりと応えているからという面もあるのだと思います。

プログラムの世界観を演出する衣装

衣装も、フィギュアスケートの芸術性を支える重要な要素です。オリンピックでは衣装が注目され、話題になることも多いですよね。2022年北京オリンピックではアゼルバイジャンのエカテリーナ・リャボワ選手の衣装が「まるで孔雀のよう」と大きな話題になっていました。きれいなグラデーションと回ると広がる形のスカートが、リャボワ選手の演技にぴったりで多くの人の目を引いたようです。

スケーターに似合う衣装であることもそうですが、プログラムの世界観に合っていることも大事です。僕の『チャールズ・チャップリン・メドレー』や、樋口新葉選手の『ライオン・キング』のように、キャラクターを演じる場合はとくに、その世界観に沿った衣装が望ましいでしょう。ひと目で見て伝わるような衣装が理想です。特別目立つ衣装、豪華な衣装である必要はないんですが、物足りなく感じてしまうようだともったいない！　できればこだわりたいところです。

加えて、**スケーター自身のテンションが上がる衣装であるかは、大切なポイント**で、やはり衣装を着ることでその世界にぐっと入り込めるというのはあると思います。

ただ、しっくりくる衣装を選ぶというのもけっこう難しいもので、デザイン画を見たときは「こっちかな」と思ったのに、着てみたら「なんか違う」ということも。それで、修正をしたり、シーズン後半に衣装を変えたりする場合もあります。華やかにするためにストーンなどをつける場合、重さがジャンプに影響してしまうので、量を細かく調整する必要があります。アシンメトリーなデザインで片側だけが重かったりするとジャンプの感覚が狂ってしまうので、重さはかなり重要です。

衣装を作ってくれるデザイナーさんは「いつもの人」にお願いするスケーターも多いと思います。体型や好みをわかってくれていて、しっかりコミュニケーションが取れる人が一番なんです。

僕も10年以上同じ方に衣装の制作をお願いしています。レベルの高い衣装をいつも作ってくれるんです。

第 4 章

ワンランク上の競技観戦術

試合の流れを知っておこう

ここでは一般的な試合の流れと、観戦の仕方についてお話ししたいと思います。

試合はショートプログラムが先に行われ、別の日にフリースケーティングがあります。

ショートもフリーも、グループごとに行います。シングルの場合、1グループは6人です。フリーの場合、1グループだいたい50分で、途中で整氷が入ったりもするので、全部見ようと思ったら4時間ほど会場にいることになりますね。体を冷やさないよう、あたたかい格好で観戦することをおすすめします。

滑走順は、ざっくり言うと上手な人ほど後半になります。世界選手権やオリンピックのショートでは、世界ランキングでグループが分けられ、グループ内の滑走順を抽

【図3】1グループあたりの時間の目安

ショートプログラム（アイスダンスでは、リズムダンス）

男子シングル	女子シングル	ペア	アイスダンス
6分間練習 + 約6分×6人	6分間練習 + 約6分×6人	6分間練習 + 約6分×4組	5分間練習 + 約6分×5組
約42分	約42分	約30分	約35分

フリースケーティング（アイスダンスでは、フリーダンス）

男子シングル	女子シングル	ペア	アイスダンス
6分間練習 + 約8分×6人	6分間練習 + 約8分×6人	6分間練習 + 約8分×4組	5分間練習 + 約8分×5組
約54分	約54分	約38分	約45分

選により決定します。フリーの滑走順は、ショートの順位でグループを分けていくので、最終グループは、つまりトップ6ということです。

フランスのアダム・シャオ・イム・ファ選手は、2024年の世界選手権ではトップ3に入ることを期待される実力者でありながら、ショートでは失敗してしまい19位でした。そのため、フリーは第1グループで滑ることになりましたが、彼の演技は完璧と言えるものでした。そして、なんと総合3位になり表彰台に上がったんです。もちろん彼の素晴らしい演技だけでなく、他のスケーターの出来との兼ね合いもありますが、こんなドラマチックなことも起こるので、試合前半もやはり見逃せませんね。

↓

試合はグループごとに行われる。上手な人ほど後半に滑る

試合前の練習はここを見る！

シングル、ペアの各グループの最初にあるのが「6分間練習」です（アイスダンスは「5分間」）。グループのスケーターがみんなリンクに上がり、それぞれウォームアップをします。この6分間の使い方は自由なのでスケーターによって使い方はさまざま。見ているとけっこう面白いんじゃないかなと思います。

1番目に滑るスケーターは、すぐに自分の順番が来るので5分で終えて最後の1分間は休憩するのが普通です。ですが、順番に関係なく、早めに練習を終えてしまう人もいます。本番へ向けて体力を温存しているのかもしれません。

まずはとにかくジャンプの練習をするスケーターもいます。僕もそうすることが多いです。6分しかないので、早めにジャンプを練習しないと！と思って次々に跳んでいくんです。一方で、「みんながジャンプの練習を一通り終えたら自分もジャンプの練習をしようかな」というスケーターは、最初はゆっくりスケーティングをしています。性格、考え方、戦略が出ますね。

表情もいろいろです。限界まで集中してピリッとしたムードのスケーターもいれば、笑っているスケーターもいます。6人が同時に集中して同じリンクで滑るというシチュエーションに、僕は楽しくなっちゃうほうです。

この6分間練習で調子が悪そうに見えても、しっかり調整して本番で最高の演技をする場合もあるんです。そんなときは感動もひとしお。練習を見ていたからこそわかる本番のすごさというものがあるので、ぜひ練習中の様子にも注目してみてください。

↓

6分間（アイスダンスは5分間）練習では、スケーターそれぞれの性格、考え方、戦略が出る

名場面をしっかり味わうためのポイント

ルールがよくわからないと、どこに注目して見たらいいかわからずぼーっとしてしまうということがあると思います。僕も他のスポーツを見ているときにぼーっとしてしまうことがあるので、わかります。フィギュアスケートの場合は、スピンやステップのあたりでしょうか。

でも、本書を読んでいただいて、フィギュアスケートにはどんな要素があって、どうやって評価されるのか、それぞれのスケーターが何を目指しているのかがなんとなくわかってくると、飽きずに見ることができるんじゃないでしょうか。フィギュアスケートは音楽が鳴り始めてから終わるまでが一つの作品ですので、ぜひ、最後まで目を離さずに見てほしいと思っています。

会場で見ている場合は、手拍子や拍手に参加すると、よりいっそう楽しめます。テンポのいい曲でスケーターがステップをしているときは手拍子。ジャンプが決まって「おお～」と思ったら拍手。スピンのポジションがきれいなときも自然と拍手が沸き起こります。それから、**スケーターが滑走しながら近づいて来たときは拍手で応援するチャンス**です。よくあるのは、ステップに入る前にお客さんサイドを振り向くアピールです。今のルールではステップはどのような形で滑るのも自由ですが、以前は「直線（ストレートライン）」「丸（サーキュラー）」「S字（サーペンタイン）」の3パターンと決められていました。とくに直線の「ストレートラインステップ」をする場合は、リンクの端から端へ進むことになるので、お客さんにかなり近づくんです。お客さんは「こっち見て～！」と思いますよね。スケーターが振り向き、お客さんにアピールをすることがあるので、見逃さずに拍手を送ってあげるといいと思います。

もし、近くで観戦している人と「感動ポイントが同じだな」「同じスケーターを応援しているな」と思ったら、ぜひ声をかけてみてください。他のスポーツは友だちとワイワイ観戦することが多いと思いますが、フィギュアスケートはわりと一人で観戦している人も少なくありません。その場で誰かと感動を共有できたら嬉しいですよね。

だから、ちょっと勇気はいりますが「〇〇選手良かったですね」なんて声をかけてほしいのです。「感動しました」「泣きそうでしたよ」……なんて、近くにいる人と話せたら、観戦の楽しさも増すでしょう。そうやって仲良くなり、コミュニティを増やしていってもらえたら嬉しいなと思っています。

↓

プログラムの間は目を離さずに。会場では拍手や手拍子に参加すると楽しい

演技が終わったら……キス&クライにも注目

競技が終わったあと、スケーターとコーチはスケートリンク脇に設置された小さな待機場所で得点が出るのを待ちます。振付師も一緒に3〜4人で座っていることもあります。演技が終わってほっとしたのと同時に、得点を待つドキドキ感！　**この場所で祝福のキスをしたり、涙を流したりするというので、「キス&クライ」という名前がつけられました。**

得点を待つスケーターの表情や、得点がわかったときの反応など、テレビでも注目されやすいシーンの一つなのではないかと思います。実際、独特の雰囲気がありますよね。

「あそこで何を話しているの？」と聞かれることもあるんですが、今行った演技のどこがどうだったという話や「誰々が見に来てるで」といった他愛もないことだったりします。

座っている時間は短く、1分くらいのものです。ただ、審判団がジャンプの回転が足りていたかどうかなどを確認するのに時間がかかることもあり、短いような長いような、とても緊張する時間です。同時に、お客さんがあたたかい拍手を送ってくれたりするので、僕にとっては好きな時間でもあります。

キス&クライは、実は開催国によってかなり雰囲気が違います。日本開催の世界選手権などでは、桜のモチーフなど和の雰囲気がただよう場所になったりして、素敵です。

一方、ヨーロッパ開催の大会のキス&クライは、たとえばフランスならエッフェル塔が描かれているだけだったり、競技中に画家がスケーターの絵を描き、その絵をキス&クライに置いて写真を撮ったり……。僕が出た大会ではないので、残念ながら僕の絵は描いてもらっていませんが、いい記念になるだろうなと思いながら見ていました。

スケーターの様子だけではなく、各国のキス&クライの趣向にも注目すると楽しい

のではないでしょうか。

↓

演技後のスケーターの表情がよくわかる「キス&クライ」では、スケーターの様子に加えて、大会の主催国ごとに異なる雰囲気の違いにも注目

観戦時のエチケット、マナー

会場で見るときのマナーも押さえておきましょう。フィギュアスケートは他のスポーツ観戦とはちょっと違う雰囲気があるので、初めて見に行ったときはとまどうこともあるかもしれません。

まず、**演技中に席の移動はしない**というのが基本的なマナーです。お手洗いなどに行きたい場合、スケーターの演技が終わってから席を立つようにします。得点が出る頃までに戻れるといいですが、戻れない場合は、次のスケーターの演技の間は階段のあたりで待っているなどして、移動は控えます。これはアイスショーも同じです。

席で見ているとき、あまり前のめりになってしまうと、横の人、後方の人の視界を遮ることになってしまいます。ですから、**背中を背もたれにつける形で見る**ことも大事です。

とはいえ、立ち上がってはダメだというわけではありません。**スケーターの演技が素晴らしくてスタンディングオベーションしたいときは、演技後に立ち上がっちゃってください。**周りの人が立っていなくても、立ち上がって大丈夫です。逆に、周りの人が立ち上がっていても、自分がとくに立ちたいと思わなければ座ったままでかまいません。

応援したいスケーターへのメッセージなどを書いたバナーを出したい人もいるかもしれませんね。バナーはスケーターにとっても励みになり嬉しいものです。今はいろいろなスケーターのバナータオルが出ていますし、国際大会であれば国旗も応援になります。

こうしたバナーを出すタイミングは、演技が始まる直前と、演技が終わったあとです。演技が始まる前には「頑張れ！」の気持ちでバナーを振り、演技が始まるときにはいったん片づけます。演技が終わったらもう一度出して、「お疲れさま！」の意味で振るというのがマナーです。

バナーを振るときは、大きく横に振ってしまうと周囲の方の迷惑になってしまうの

そうすれば自席からはみ出さずにバ**で、なるべく脇をしめた状態で上下に振ります。**ナーで応援することができます。周囲の方々も一緒に見て応援しているので、みんなで気持ち良く応援しましょうということなんです。**演技中におしゃべりするのもマナー違反です。**

初めて試合を観戦する方は、会場がけっこう静かなことに驚くかもしれません。選手が人生をかけて行う演技を見守る空気があるんです。来る日も来る日も練習をし、高みを目指してきたスケーターの勝負の演技です。本番のプレッシャー、緊張感は並大抵のものではありません。見ている側も思った以上に緊張するものなので、こまめに水分補給をしてくださいね。

演技中に席の移動はしないのが基本マナー。みんなで気持ち良く応援しよう

会場の座席はここが見やすい

広い会場の中でどこで見るのが一番いいかと聞かれたら、審判団の真上の席と答えます。プログラムは基本的にすべて審判団に見やすいように作られているからです。最初のポーズに始まり、演技がよく見えるはずです。審判団の真上が無理でも、ジャッジサイドの席なら全体的に見やすいでしょう。

キス&クライでのスケーターの表情をよく見たい場合は、審判団の対面側に座れたらラッキーです。

それから、**なるべく前の方の席！　可能なら最前列**です。同じ空間にいても、最前列で見るときの緊張感は別格なんです。スケーターの息遣いや滑走の音、スケート靴がシュッと跳ねる音がダイレクトに聞こえてきますからね。ドキドキ感とともに最大限に楽しめるはずです。初心者だから……と遠慮せず、むしろ初心者の方ほど、実際に会場で観戦して醍醐味を味わっていただけたらと思います。

↓

審判団側の席や、できるだけ前の方の席が見やすい

各競技会での感動シーンをプレイバック！

ここで、僕が実際に演技を見て感動したスケーターを何名か紹介しましょう。

オリンピック出場をかけた全日本選手権での浅田真央さん

僕も日本代表として出場した2010年バンクーバーオリンピックで、浅田真央さんは銀メダルを獲りました。

実はそのシーズン、浅田さんはあまり調子が良くなかったんです。トリプルアクセルがなかなか成功せず、グランプリファイナル出場も逃してしまいました。みんな「真央ちゃん大丈夫かな」と心配している空気がありました。

オリンピックの2か月前、2009年の12月に行われた全日本選手権が、オリンピック日本代表を決める最後の大会でした。このときすでに安藤美姫さんはオリンピック出場が内定している状況。さて浅田さんはどうだろう、大丈夫なんだろうかというところだったんです。当然、みんなこの全日本選手権はオリンピック出場をかけて全身全霊で滑ってきます。全日本選手権って、もっともスケーターの生きざまがあらわれやすい大会だと思うんですよね。

その大会で浅田さんは、とても楽しそうに演技をしたんです。

ショートの『仮面舞踏会』を見て、僕は感動してしまいました。こんなにプレッシャーの大きい場面で、周囲が心配している中で、人ってこんなに楽しく滑れるんかなというくらい、笑顔で軽やかに滑っていました。そして、トリプルアクセルも含めて、完璧だったんです。

「ああ、真央ちゃんだ……！」と見た人みんなが思ったでしょうね。日本中の人が「真央ちゃん、真央ちゃん」って言って、浅田さんのことを大好きなのは、こういうところから来るのかなと思いました。本番の強さもあるでしょうが、**どんな状況でも楽しんでしまうくらいの**（**本当に楽しんでいるかはわからないですが、少なくとも、そのように見せ**

てくれる）メンタリティ。優しい雰囲気を身にまとい、ニコニコしている浅田さんを見て「すごい……！」と感動しました。

浅田さんはこの全日本選手権で優勝してオリンピック出場への切符を手にし、オリンピックでメダルを獲得したのです。

北京オリンピックでの羽生結弦さん

ソチ、平昌と2大会連続金メダルの偉業を成し遂げた羽生結弦さんが挑んだ、2022年北京オリンピック。彼が、当時まだ誰も成し遂げたことのなかった「4回転アクセル」に挑戦する姿を見て、僕はとても感動しました。

着氷後にバランスを崩して転倒してしまいましたが、その後も懸命に滑り切った姿を忘れることができません。

僕はそれまでも羽生さんの演技を見てきて、どんなにプレッシャーがあっても失敗しない強さを持ったスケーターだと思っていました。オリンピックのプレッシャーは筆舌に尽くしがたいものがあります。でも、羽生さんは逆にそのプレッシャーを力に変えてしまうような、プレッシャーさえ楽しんでしまうようなところがあるように見えていました。

直前の全日本選手権でも完璧な演技をしており、「緊張とか知らんのかな」と思ってしまうほど、安定していました。

その羽生さんが、北京オリンピックではジャンプの踏み切りで氷の上の穴にエッジをとられて4回転が1回転となったことでショートで8位となりました。このフリーのプレッシャーは想像を絶するものだったことでしょう。4回転アクセルに挑戦し、転倒してしまったのですが、最後まで諦めることなく力を出し切った演技を見せてくれました。最終的な結果は4位と、メダルには届きませんでした。

天才・羽生結弦でも、この難しいジャンプに立ち向かうのはものすごく勇気がいったのだろうことが見ていてわかりました。これまでだって、何度もプレッシャーと戦い、立ち向かってきたのでしょう。**緊張なんてしないかのように見えていたのも、努力の賜物だったのです。**僕はそのことにあらためて気づかされ、大きな感動を覚えました。

彼はよく「羽生結弦であるために頑張り続けなければいけない」と言っていました。それは彼自身が選択したものです。だからこそ見る人にこれほどの感動を与え続けることができたのです。

羽生さんに限らず、どんどん前に進めるようないいときもあれば、壁にぶつかるときもある。目の前にそびえる高い壁にはひるむけれど、それでも立ち向かっていく……。**「フィギュアスケートって人生やな」**。僕はしみじみとした気持ちでそうつぶやいてしまいました。

トリノオリンピックでの荒川静香さん

2006年トリノオリンピックの荒川静香さんの演技はテレビで見ました。「イナバウアー」が一躍有名になり、日本中が熱狂した「オリンピックのフィギュアスケート女子シングルでアジア選手初の金メダル」獲得に至った素晴らしい演技です。僕は感動して感動して……、泣きながら見ていました。

フリーの『トゥーランドット』の美しさにも「すごい」と思いながら泣いたのです

が、その後に金メダリストとして演技をするエキシビションの『You Raise Me Up』では号泣です。

荒川さんは終始幸せそうな表情でのびのびと演技をしており、息をのむほどの美しさ。もちろんこれまでの演技もきれいだったんですけど、それでもあらためて荒川さんのスケートの美しさに圧倒されてしまうほど、ものすごいオーラを放っていたんです。

スケーターたちはシーズン中に同じプログラムを何回も演じるわけですが、いつも「一期一会」。まったく同じ気持ちで滑ることはありません。「やってやるぞ」という気持ちのときもあるし、「今日はダメかもしれない」と心が折れそうなときもあります。感謝の気持ちがあふれているときもあります。**感情によって放つものが大きく変わる、これがフィギュアスケートなんじゃないか、**と思うんです。

スケーターと観客の気持ちがガチッとかみ合ったとき、そのスケーターから受け取る感動はものすごいものになるんじゃないでしょうか。たった一人で、短い時間で人生のドラマを伝えられるすごい競技。だから僕はフィギュアスケートを辞められないんですよね。僕も荒川さんのような一期一会の演技を積み重ねていきたいと思うのです。

そのほか感動した名演技はたくさんあり、とても紹介しきれません……！　そしてこれからのフィギュアスケート界にも、名演技が増えていくのだろうなと思っています。

第5章

ミラノ・コルティナオリンピックはここをチェック

日本のスケーター（男子シングル）

次の冬季オリンピックは２０２６年2月にイタリアで開催される「ミラノ・コルティナオリンピック」です。日本のフィギュアスケートでは、いったい誰がオリンピックに行くのか？　そして、どんな戦いになるのか？　気になるところですよね。ミラノ・コルティナでどんなドラマが生まれるのか、僕も楽しみで仕方ありません。

オリンピックに派遣されるスケーターは、選考基準は発表されていませんが、2025−2026シーズンのグランプリシリーズやグランプリファイナルなどの結果とともに2025年12月の全日本選手権を経て決まります。本書の執筆は２０２４年の年末にかけて行っているので、まだどうなるかはわからない状況ですが、注目したい有力候補たちについてお話ししたいと思います。

鍵山優真選手

現時点で、オリンピック出場の最有力候補！　世界ランキングからいっても、これまでの実績からいっても彼が日本男子を引っ張っていく存在になるでしょう。

世界と対峙《たいじ》するとき、意識する相手はアメリカのイリア・マリニン選手です。この「4回転の神様」と言われる巨大な存在と対峙しなければなりません。そこで大事になるのは、技術点でいかに差を埋められるかだと思います。

すでにお話しした通り、**鍵山選手は技術面でも芸術面でも完成度が高いスケーター**です。数種類の4回転ジャンプも安定して跳ぶことができます。マリニン選手は4回転アクセルなど難易度の高いジャンプを多く跳ぶと思うんですが、同じ4回転ジャンプであれば、鍵山選手のほうが出来栄えの加点で0・5点や1点高く取ることができると思うんです。

鍵山選手のジャンプは、ジャンプに入るまでのスピード、ジャンプ動作の無駄のなさ、高さ、空中姿勢、着氷の流れと姿勢という多項目で高く評価されています。それをすべてのジャンプでできるというところが強みです。また、同じジャンプを仮にマリニン選手が跳んだ場合、出来栄えの評価では鍵山選手のほうが高い得点がつくと思います。しかし、マリニン選手には基礎点の高い4回転ジャンプをたくさん跳べるという強みがあります。基礎点に対して10％ずつ加点が伸びていく（点数が下がるときも10％ずつ下がっていく）今のシステムでは、基礎点の高いジャンプをきれいに跳ぶ選手のほうが有利かもしれません。

ジャンプだけでなく、スピン、ステップとすべての部分で出来栄えを磨き、芸術面をさらにレベルアップできれば、マリニン選手に肉薄するはずです。ジャンプの前後にさらに難しいステップなどを加えたり、すべてのスピンで+4点～+5点で採点されるようにスピンのスピードとバランス、ポジションの美しさなどを追求したりする。得意のステップでは音楽を最大限表現し、演技構成点を上げる。簡単に言いましたが、これはものすごく大変なことです。しかし、彼ならきっとできると思います。

佐藤駿選手

今の日本選手の中で唯一、4回転ルッツ、4回転フリップという高難易度のジャンプを跳ぶことができる佐藤駿選手。 4回転トウループは軽々跳べちゃうほど、ジャンプに関して天才的な素質を持っています。2021―2022シーズンに怪我があり、復帰後はジャンプの成功率に波がありましたが、難易度の高いジャンプ構成ができるという強みがあるので、確実に決めていくことが大事です。

2023―2024シーズンからは、北京オリンピックのアイスダンスで優勝したフランスのギヨーム・シゼロンさんに振り付けを依頼し、芸術面を伸ばす努力をしているところです。シゼロンさんとの相性は良く、ポージングやメリハリのある表現がうまくなっていると思います。さらに表現力を磨いていけば、演技構成点を上げることで総合的にいい得点を出すことができるはずです。そして、オリンピックでもメダルに手が届くのではないかと思います。

三浦佳生選手

三浦佳生選手はスピードとパワーを兼ね備えたスケーターです。男子の中でもトップレベルともいえるほどのスピード、そしてそこから繰り出される、高さと流れのある素晴らしいジャンプが彼の持ち味です。ここからテクニック面をさらに磨いていけば世界で高い評価を得ることができるでしょう。

たとえば、ジャンプの回転軸をもう少し細くしたり、スピンやステップでもレベルを落とすことなく確実にこなしたりできるよう、技術力を上げていけるといいと思います。

感情表現や、勢いに乗ったときの観客を巻き込むような表現に優れているスケーターなので、技術をもっと磨くことができれば必然的に演技構成点は上がっていくはずです。

友野一希選手

本書でも何度かお話ししている通り、**友野一希選手は抜きんでた表現力を含め芸術面は申し分ありません。**スピン、ステップについてもしっかりレベルを取れていいます。課題は、ジャンプの成功率です。この章で紹介している鍵山選手、佐藤選手、三浦選手、山本選手はみんなジャンプの成功率も非常に高いので、一緒に戦う際にはやはりジャンプを確実に成功させ、出来栄え点も高めていく必要があるでしょう。

フリーではコンビネーションジャンプが3回まで認められ、そのうち1回は3連続ジャンプが認められているのですが、跳べるジャンプの枠をすべて使い切って、3連続ジャンプの3つ目をトリプルジャンプにするということでも技術点が3点くらい変わります。こういったジャンプをしっかり成功させていくことが大事です。もちろんそういったことを友野選手本人も自覚していて、努力をしていますし、これを乗り越えれば、オリンピックでも期待できるでしょう。

山本草太選手

2023年の全日本選手権では、ショートもフリーも完璧な演技をして、表彰台に上がった（3位）山本草太選手。「ここでいい演技をしたい」というときに、ミスをせずしっかりと力を発揮できたんです。ショートもフリーもいい演技をそろえるというのは実は難しいことで、そろわないスケーターのほうが多いのですが、一つ精神的な壁を乗り越えることができたのかなと思います。

メンタルコントロールは誰にとっても難しいもの。緊張を常に力に変えるのは至難の業ですが、ミスしたときのアベレージの点数をもっと上げることができれば、オリンピック代表もぐっと近づくと思います。

これからのさらなる飛躍を期待しています。

日本のスケーター（女子シングル）

坂本花織選手

坂本花織選手は**オリンピックに出場して、表彰台に立つことを目指しています。**

坂本選手の強みはスピード感のあるジャンプ。跳ぶときと同じスピードで着氷できる膝の柔らかさやフィジカルの強さがあり、それが高得点につながっています。しかも、後半もまったくバテる様子がありません。最後までエネルギッシュに演技をし、音楽に合った表現をするので演技構成点も非常に高いのです。

メンタル面も安定しています。以前は、世界選手権で優勝しても「私でいいのかな」という感情が見受けられるところがありましたが、今はすべてを受け入れて堂々としている感じがします。

オリンピックの前には4連覇のかかった世界選手権もあり、そちらも期待していいます。

千葉百音選手

2023―2024シーズンに本格的にシニアに移行したばかりですが、高い評価を得られる要素を持っている千葉百音選手。**手足が長く、とてもエレガントなスケートをするので、演技構成点は申し分なく高い得点を出せる**と思います。スピンもきれいで、必要なレベルを取った上で出来栄え点もプラスしていくことができるでしょう。

課題は、一つひとつのジャンプを確実にしていくことです。今の女子選手の場合、ルール上、どうしてもジャンプ構成が同じようなものになってしまうので、他のスケーターより加点がわずかに少ないといったことが積み重なって技術点の差ができてしまいます。千葉選手の場合、踏み込んで跳ぶまでのスピードにもっと勢いがつき、鋭く上に巻き上がるような感じが出れば、ジャンプの加点もさらにもらいやすいのではないかと思っています。

吉田陽菜選手

吉田陽菜選手も2023―2024シーズンに本格的にシニアに移行したばかりのスケーターで、トリプルアクセルという大きな武器を持っています。初出場した2024年の世界選手権フリーでは、回転不足と判断されてしまいましたが、着氷できていました。

吉田選手はきっとトリプルアクセルを跳んでオリンピックに出たいでしょうし、オリンピックの場でトリプルアクセルを決めたいと思っているでしょう。ですから、**大事なのはいかにトリプルアクセルをマスターできるか**という点です。他のジャンプに関しても非常に成功率が高く、技術力は高いのですが、トリプルアクセルを失敗したときにやや引きずってしまう感じも僕からは見受けられます。女子にとってトリプルアクセルという大技は非常に集中力、精神力を使うもの。失敗したときに動揺しないというのは難しい話ですが、気持ちが揺れても他のジャンプに影響しないように、ジャンプの精度を高めるのと同時に、メンタル面も強くできると成績は安定するのではないでしょうか。

樋口新葉選手

樋口新葉選手は2022年の北京オリンピック後、しばらく休養していました。充電期間として、フィギュアスケート以外の世界に触れ、さまざまな経験をしたようです。テレビのインタビューに答えて「気持ちも新たに、またフィギュアスケートを頑張りたい」ということを話していました。**今、スケートが楽しくて精神的に充実しているのだと思います。そういうときの彼女はとても強い**です。

もともと技術力が高く、北京オリンピックでもトリプルアクセルを成功させている樋口選手です。スピードも高さもあるジャンプを跳ぶことができ、フィジカル的な強さを持っています。2024―2025シーズンのスケートアメリカという大会で、グランプリシリーズ出場9年目で初めてのグランプリ優勝を飾り、グランプリファイナルでも4位。技術面、精神面でも北京オリンピックシーズンの状態に近づいてきていています。ここに武器であるトリプルアクセルが戻ってきたら、より一層すごい演技を見せてくれるでしょう。

渡辺倫果選手

渡辺倫果選手もトリプルアクセルを跳ぶことができ、ジャンプに強みがあります。2023年の世界選手権は総合10位でしたが、**ジャンプが決まればノリノリでいくことができます。**2024年の四大陸選手権では3位という成績を残しました。課題としては、ジャンプの回転不足をなくしていくことでしょうか。本当にちょっと足りないだけなんですが、「回転不足の着氷」と判断されると、基礎点からの減点に加えて出来栄え点でもマイナスの評価となってしまい、多く点数を失うことになるんです。

ジャンプの回転不足を修正するのはとても大変で、時間がかかるんです。ジャンプを回転不足で降りてしまう癖がついているからです。ジャンプの失敗といえば、抜ける（予定していたジャンプの回転数より少ない回転数で跳ぶこと）か転倒が多いのですが、渡辺選手の場合、抜けや転倒は少ないです。回転不足を修正して、最高の演技を見せてくれることを期待しています。

住吉りをん選手

住吉りをん選手は、2016年、全日本ノービス選手権Aクラスで、当時の歴代最高得点を記録し優勝。

2022―2023シーズンからシニアデビュー。住吉選手は、ずっと難易度の高い4回転トウループの挑戦を続けてきました。そして、2023年のグランプリシリーズのフランス大会にて見事成功。グランプリファイナルにも初めて進出しました。**4回転トウループを国際大会で成功させたのは、日本人女子選手では住吉選手が初。フィギュアスケートの歴史に残る快挙です。**スピンは柔軟性もあり、キャメルスピンでは日本選手では珍しい形で回ったりするのも彼女の魅力です。スケート技術もあり、最近は独特な選曲・振り付けや動きを取り入れるなどの工夫が随所に感じられます。そうした独創性があれば、おのずと演技構成点も高くなっていきます。彼女の持ち味をさらに磨いていけば、オリンピックという大舞台に立ち、最高の結果を出すこともできるでしょう。

日本のスケーター（ペア）

りくりゅうペア（三浦璃来選手＆木原龍一選手）

２０２４年12月に行われた全日本選手権で、ショートプログラムとフリープログラムの双方で１位となり優勝を果たした三浦璃来選手と木原龍一選手（りくりゅう）ペア。

二人には９歳の年の差を感じさせないほどの仲の良さがうかがえます。２０２２―２０２３シーズンには世界選手権、グランプリファイナル、四大陸選手権で優勝を果たし、年間グランドスラムを達成するという素晴らしい成績を残しました。

二人のスケートには「スケートができる喜び」があふれており、その表情は見る人にも幸せを感じさせる魅力があります。

また、安定感のあるツイストリフトやスケーティングの美しさも二人の持ち味といえるでしょう。

このままミラノ・コルティナオリンピックに出場し、表彰台に上がることを期待しています。

海外の選手

イリア・マリニン選手（アメリカ）

「4回転の神様」と言われている通り、4回転ジャンプを高い精度で決められる稀有な存在が、イリア・マリニン選手。

2024―2025シーズンも、素晴らしい4回転ジャンプを見せてくれています。また、柔軟性も高く、レベルの高いスピンをこなすなどジャンプ以外の要素でも高得点を取ることができます。筋骨隆々のパワーでジャンプを跳ぶというより、鞭のようなしなやかさで勢いよくキレのあるジャンプを跳ぶんですよね。柔軟性や体幹の強さなど、みんなが欲しいと思うようなフィジカル的能力を持ち合わせているスケーターと言えるでしょう。

彼ならではの技として知られているのが、ラズベリーツイスト。これは、ロシア語で「マリニン」が「ラズベリー」を意味することから、彼が命名した技です。

ラズベリーツイストは、非常に高い身体能力が必要とされる、踏み切った後に体を横に倒したままで1回転する技です。これができてしまう彼は、本当にすごいと思います。

アダム・シャオ・イム・ファ選手(フランス)

アダム・シャオ・イム・ファ選手も、**難易度の高いジャンプ構成で試合にのぞむのが持ち味で、ジャンプの質が高いスケーター**です。高さがあって、「きれいに降りたら、これはいい点数だよね」ってジャッジの人が加点しやすいジャンプなんです。

2024年の世界選手権では禁止技のバックフリップ(後方宙返り)を禁止されていると知りつつも入れました。しかも、フリーのジャンプをすべて跳んだあと、後半にあるコレオシークエンスの中にそのバックフリップを入れて成功させています。とんでもないフィジカル能力の高さです。禁止技のため2点の減点がありましたが、それでも表彰台に上がりました。

振付師のブノワ・リショーさんが彼の芸術面を支え、進化させています。リショーさんはコンテンポラリースタイルの振り付けを得意としており、振り付けに複雑な動きを入れています。それがなんともいえず魅力的で、惹きつけられるんですよね。

アダム選手とリショーさんのタッグでオリンピックにのぞむのであれば、独特の演技がとても楽しみです。

チャ・ジュンファン選手(韓国)

男子の中でもう一人挙げるなら、韓国のチャ・ジュンファン選手です。2023年の世界選手権では、宇野昌磨さんに次いで2位という成績を残しています。**彼の持つジャンプ力、スケート技術力、表現力はどれをとってもトップクラス。**調子のいいときは4回転ジャンプにも余裕があり、失敗する感じがありません。そして彼の、長くカーブするイナバウアーは幻想的でとても美しいです。

韓国代表としてオリンピックに出場すると思うので、調子のピークを試合当日に持ってこられるかどうかがポイントだと思います。それができれば、ショート100

点、フリー200点の合計300点は狙えるスケーターです。

ルナ・ヘンドリックス選手(ベルギー)

女子シングルはどのような戦いになるでしょうか。今のところ海外選手ではまず、ベルギーのルナ・ヘンドリックス選手を挙げたいです。

ルナ・ヘンドリックス選手は、**高い柔軟性と表現力を兼ね備え、スピードと力強さが魅力的なスケーティングを見せるスケーター**です。アップテンポの曲から優雅な曲まで、どんな曲でもしっかりと曲調に合わせて動きを変える表現力。そして、スピンやコレオシークエンスで見せる高い柔軟性。音楽を一つひとつ大切に滑っていることが感じられます。前述したように、2022年の世界選手権では2位、翌年の2023年は3位で表彰台に上がり、名実ともに世界のトップレベルスケーターの一人としての地位を確立しました。ミラノ・コルティナオリンピックに出場したら素晴らしい結果を残してくれると期待しています。

イザボー・レヴィト選手（アメリカ）

アメリカのイザボー・レヴィト選手は2024年の世界選手権で銀メダルを獲りました。ステップもスピンも確実に高得点を狙える柔軟性とテクニックを持ち合わせており、実力は十分。ジャンプも確実性が高く、大きな転倒が少ないという強みがあります。一方で回転不足になりやすいところがあります。しかし、うまくいかない部分があったとしても、プログラム全体の印象や曲の表現は崩さずに最後まで滑り切ることができるのは、とても素晴らしいと思います。今後はそこを修正しつつ、彼女の強みを存分に活かせるように表現力を磨いて、最高の演技を見せてくれるでしょう。

地元・イタリアの選手

マッテオ・リッツォ選手、ダニエル・グラスル選手

次回の冬季オリンピックはイタリアでの開催ですので、地元・イタリアのスケーターにも注目したいところですよね。

2018年平昌オリンピックではマッテオ・リッツォ選手が、そして2022年北京オリンピックでは、マッテオ・リッツォ選手とダニエル・グラスル選手らが男子シングルのイタリア代表となっていました。近年、イタリアチャンピオンとして君臨し続けているのが、この二人です。地元開催のオリンピックの舞台で、ぜひとも最高の演技を見せてほしいです。

シャルレーヌ・ギニャール選手&マルコ・ファブリ選手

それから、アイスダンスのシャルレーヌ・ギニャール選手とマルコ・ファブリ選手のカップルにも注目です。マルコ選手はもともとシングル選手で、僕と同じジュニアのグランプリシリーズに出場していたことがあります。今も会うと「おお、ノブ！元気？」と声をかけてくれるんです。

2009年からシャルレーヌ選手とマルコ選手はアイスダンスのカップルを結成。ソチ、平昌、北京とイタリア代表で出場しています。二人は結婚して夫婦となり、よりいっそうスケート技術に磨きがかかっています。今、シャルレーヌ選手は36歳、マルコ選手は37歳とベテラン。2023年の世界選手権では素晴らしい演技をして銀メダルを獲りました。次のオリンピックで狙うは金メダルでしょう。

彼らのプログラムはとてもドラマチックです。短くても満足度が高く、「もっと見たい」と思わせてくれるようなプログラムです。

2024―2025シーズンのフリーダンスでは、ロボットのような衣装で機械音に合わせた振り付けがありました。また、僕が特に大好きなものは、2018―2019シーズンの、映画『ラ・ラ・ランド』の楽曲を使ったプログラム。この映画の楽曲はフィギュアスケートでよく使用されるのですが、彼らのプログラムは、映画の中の華やかさだけでなく切なさなどの心理描写が本当に素晴らしいです。まるで1本の映画を見ているような美しいスケーティングに、思わず涙するほど感動しました。

そして、二人とも表情が良く、イタリアらしい感情表現豊かな演技をするんです。ぜひ、そんな二人の表情にも注目しながら美しいアイスダンスを堪能していただけたらと思います。

おわりに

本書を最後までお読みいただき、どうもありがとうございました。「パラパラとでもこの本を見れば、フィギュアスケートのことをもっと知れるんちゃうかな」って思ってもらえたとしたら、とても嬉しいです。あなたはもう、フィギュアスケート沼に片足をつっこんでいるようなものです（笑）！

フィギュアスケートは冬のスポーツだと思われがちですが、シーズンは大まかに言うと10月〜3月、夏にはアイスショーをやっていますので、実は一年中見ることができます。大会はもちろん、アイスショーも、それぞれの現場での魅力がありますのでぜひ足を運んでいただけたらと思います。

テレビで観戦するときも、この本を片手に見ていただけると、さらに面白さが増すのではないかと思っています。

地域のアイスショーでも何でも、もし僕がお役に立てることがありそうでしたらぜひ、お声がけください！　これからも、フィギュアスケートが楽しく魅力的なスポーツであり続けるために、僕はできる限りのことをやっていきます。

本書を手に取ってくださったあなたと、いつかどこかでお会いできるのを楽しみにしています！

織田信成

2024年12月吉日

《巻末特典》特別対談

友野一希×織田信成

物心つく前から氷の上にいた!? 二人の共通点

織田　友野くんのスケート人生の始まりはどんな感じやった?

友野　4歳くらいのとき、母親に近所のスケートリンクに連れて行ってもらったんです。スケートリンクまで徒歩5分のところに住んでいたんで。

織田　それは確かに、スケート始めるなぁ。

友野　フィギュアスケートをやっていた母親の影響もあって、遊びでやっていた感じです。当時の僕は日本のフィギュアスケーターのことをまったく知らず、誰かに憧れて始めたというわけでもなかったんですよね。ソルトレイクのヤグディン（2002年ソルトレイクシティオリンピックで金メダルを獲ったロシアのアレクセイ・ヤグディン選手）の演技だけは覚えているんですけど。

遊びのつもりだから、スピードスケートの真似をしたり、ホッケーの真似をしたりで、フィギュアだけやっていたわけじゃありませんでした。小学2年生くらいまではダラダラとやっていましたね。

織田　最初からけっこううまく滑れたの？

友野　どうなんでしょう。バタバタしながらも、恐れずに滑っていたと思います。

織田　お母さんは、フィギュアスケートをやらせたいと思っていらしたのかな。

友野　「向いている」とは思っていたみたいです。僕は体型的に小さいし、すばしっこくてリズム感があったから「フィギュアスケートかな」と思ったのかもしれないです。
　織田くんはお母さんがスケートの先生ですもんね。

織田　そう。近所のスケートリンクで、スケートの先生をしていました。姉はフィギュアスケート、兄はアイスホッケーをやっていて、その流れで僕も当然のようにスケートをやることになって。母親にはよく「おまえはお腹の中にいたときから滑ってた」って言われるんだけど「いや知らんがな」って思う（笑）。でも、ほんまに保育園代わりにスケートリンクに行っていました。氷の上で遊びながら母親の仕事が終わるのを待っている毎日を過ごし、小学生になってからスケーターとしての道を歩み始めたかなっていう感じ。スケートが好きとか嫌いとかじゃなくて、もうこれは生まれ持ったさだめです。織田家に生まれたから、物心つく前から自動的に氷の上に乗ったという。ベルトコンベア方式（笑）。

友野　僕も物心つく前から氷の上に乗っていました。近所のリンクは冬季限定だったから、冬に遊び場として行っていたんですけど、フィギュアの教室に通ううちに先生を紹介されて、通年滑れる別のリンクに行くようになって、ちゃんと始めてからは先生は怖いし辞められないしで、気づいたら逃げ場がありませんでした。

織田　友野くんも、僕と同じベルトコンベアやね（笑）。

友野　ホッケーやスピードスケートの見学も行ったたし、他のスポーツもいろいろ見たけどフィギュアが合っているのかなというのはあって、しぶしぶフィギュアを選択しました。

「おもろい子がおる！」――噂のスケーター

友野　ただ、氷の上が好きだし、人前に出て何かするのも好きなんですよね。スケートがその欲求を満たしてくれるから続いたんです。先生もちょっと個性的で、誰よりも目立つ振り付けをしてくれました（笑）。

織田　確かに！　最初に友野くんを認識したのは「おもろいプログラムを滑る子が大阪におる」っていう噂からやったもん。友野くんと僕は同じ大阪やけど、練習しているエリアが違うから意外と情報が入ってこなくて知らなかったんだよね。友野くんが通っていた臨海（大阪府立臨海スポーツセンター）は年中滑れるから、臨海の子たちは他のリンクにあまり行く必要がないし。大阪で試合があるっていうときに「めっちゃおもろい子おるで」って聞いて、「そうなんや、見てみたいな」と思ったのが最初でした。

友野　いやー、僕は今でこそこうやってお話しできますけど、織田くんや大ちゃん（高橋大輔さん）の世代を一番憧れの目で見ていたんで、一緒に試合に出られるだけで良かったんですよ。

織田　友野くんは本当に楽しそうに滑るし、表現力すごいなって見ていたけど、話すようになったのは実はここ数年のことだよね。僕が現役復帰して国体に出ることになったとき、大阪代表として一緒に国体に行きながらいろいろ話すようになって。それで「友野くんってこんなにスケートに熱い子なんや」っていうのを知ったんです。スケート技術のことや周りのスケーターのこと、これからのことなど、しっかり考えている選手だから、もっといろいろ聞きたいなと思いました。それで今回、対談をお願いしたんです。

友野　ありがとうございます。最近、憧れていた世代のスケーターのみなさんと交流することが増えて嬉しいです。いろいろ教えてください。

織田　一回り年上やし、僕の場合は、同じ失敗をしないように何かヒントになることがあればどんどん伝えていきたいと思っているんで。もちろんそれをそのままじゃなくて、友野くんが選択してくれたら、プラスになるんちゃうかな。

つらい時期は長かった……

友野　さきほど、好きも嫌いもなく自動的にフィギュアをやることになっていたという話があったんですけど、競技者としてのマインドの変化ってどうだったんですか？

織田　競技としてやり始めてからは、やればやるほどしんどかった。もともと、人と争うのが得意なタイプじゃないから。

競争が始まるのが、早い子だと小学3〜4年生くらいだよね。今も野辺山（長野県の野辺山高原）で合宿をやっているの？

友野　はい。

織田　野辺山合宿（日本スケート連盟が主催する「全国有望新人発掘合宿」のこと。有望なスケーターを選抜するテストがある）での競争に勝つと全日本ノービス選手権へのシード権が与えられて……と、常に競技で争わなきゃいけない。僕は自分が一番にならなきゃいけないないなんていう思いはなくて、自分のスケートをもっとこうしたいっていうだけなのに、周りからは怒られるでしょ。もっとハングリー精神を見せなさいって。勝負に貪欲じゃないから、怠けているように見えちゃうんだよね。だからつらい時期は長かったなぁ。

今はそれを乗り越えて、点数も大事やし、自分が楽しめていることも大事っていう考え方になったけど。練習で自分を追い込んでいるときも、苦しいだけじゃなくて、やるべきことをちゃんとやって、一歩一歩目標に近づいていく充足感を感じられている。

友野　いつ変化したんですか？

織田　最近かもしれない。2013年に引退してアイスショーに移行したときも「いい演技をしないと次は呼んでもらえない」っていう気持ちがずっとあって、現役とあまり変わらない感覚で自分を追い込んでいた。そうやって努力する環境にあるというのはありがたいことなんやけどね。ここ数年で、自分が楽しめる演技を思いっきりやろうかなというふうに変わってきました。

友野　これは僕の個人的な考えですけど、僕らの世代は幸せだな、と思うんです。織田くんの世代は、日本はまだ強い男子選手がそこまでたくさんいたわけじゃない中で結果を求められ、大きなプレッシャーを感じながら日本でのフィギュアスケートの地位を作り上げてきたんだと思います。僕らは、もちろんある程度結果は必要だけど

「絶対にメダルを獲って来い」みたいな雰囲気ではなくて、幸せな気持ちでスケートができているような気がします。
とはいえ必ず順位がついてくるし、ある意味では僕は悔しがりだったんです。

織田　負けず嫌い？

友野　負けず嫌いです。お客さんには絶対に喜んでもらいたいし、かつ、自分が満足いく形で競技を終えたいっていう気持ちが強くて、1試合1試合、うまくいかないと悔しいんですよ。シニアに上がってからは、ニュースとして報道されるなど結果がより見えるようになって、5年くらいは苦しみました。期待に応えられなければ悔しいんだけど、どう努力すればいいかわからなくなっちゃって。変に「うまくならなきゃ」って意識しすぎて、楽しさを感じられませんでした。そういう中で結果を出し続ける人は本当にすごいと思います。
僕も時間はかかったんですけど、ようやく自分を客観的に見て行動できる力が備わってきたように思います。今は純粋に「うまくなりたい」っていう意欲が戻っていて、スケートが楽しいんです。代表になれば「ふさわしい演技をしなければ」というのはありますが、自分の個性をうまく演技に乗せて点数化していくことを考えられるようになりました。相変わらず悔しがりではあるんですけど、悔しいと思う方向性が変わったんですよね。だから今は大丈夫。

織田　友野くんの良さが演技に出ているもんなぁ。

引退前、削られまくるメンタル

織田　僕が友野くんくらいのときは何を考えていたんやろ。今何歳？

友野　26歳です。

織田　ちょうど僕が引退した歳やわ。僕はソチオリンピック出場がかかった全日本選手権後に引退したんやけど、それが26歳だったから。その頃何を考えていたかっていうと、「どうやったら代表になれる？」ということだったかな。僕は代表争いに一歩遅れていて、ソチに行くためにはみんなより三歩くらい前に出ないと絶対無理やとわかっていたんだよね。そのシーズン序盤の9月頃から開催される国際大会の時点で、本気じゃないとアピールできないって追い込まれていた。そういう小さい国際大会は、どちらかというとプログラムをお披露目するとか、感触を確かめるのがメインじゃない？　でも僕は初戦から本気で高い得点を出さないと！　って思ってばかり。正直、そこから解放されたくて辞めたい気持ちもあったかもしれない。スケートが楽しくないわけじゃないよ。それしかやることないし（笑）。でも、あのときは相当メンタルすり減らしていたなと思う。

友野　精神が削られる感じ、わかります。織田くんもそうだし、オリンピックで戦い抜いてきた人はみんな、「好き」だけではやっていけないほどスケートに向き合っていますよね。僕もそういう段階になりつつあると思うんです。「もういやだ、もう辞めたい」と思うくらい頑張ろうという気持ちになり始めていて。オリンピックシーズンになったら、試合の結果次第で引退するかどうかの話にもなるでしょう。だから、ここ1年半くらいは人生で一番頑張るときだと思います。

織田　うんうん。そうやね。

友野　人生の大きなターニングポイントになるはずだから。これから先、競技者としてだけではなく、フィギュアスケーターとしても成長していきたいと思っていて、その過程の中で競技生活をやり切る、何かを成し遂げるというのは絶対に大切なことです。それをやってきた人たちのことは心から「すげぇな」って思うんですよ。自分もそういう時期です。ワクワクもあるし、いやだなぁという気持ちもあるけど……、でもやりたいと思う気持ちが勝っています。

織田　現役のときしか感じられない苦しみや緊張感ってあるよね。僕のソチオリンピックに向けた代表争いのときは、とても頑張っても代表になられへんかったというのがあるけど、でも頑張っている姿はみんなに伝わるよ。演技に必ずあらわれるもので、見ている人みんながわかる。だから、友野くんが今言ってくれた「過程」の部分は大事にしてほしいと思う。結果は大事やし、金メダル獲ったら周りの人もみんな笑顔になってくれるし、すごいんやけど、頑張ってきたら、金メダル獲れなくてもかっこいいと思うんよね。

友野　わかります。

織田　そういう認識を持っている時点で、友野くんは大丈夫やなと思う。

友野　これまでも頑張っていないわけじゃないけど、もう一段上を見ながら頑張りたい。たとえばオリンピックで金メダルを獲るという目標に本気で向かっている自分を感じてみたい。普通そんなチャンスはないし、チャンスがあってもなかなか本気で向き合うことができないものですよね。

絶対にできる！　自分を信じる力の大切さ

織田　本気で向き合ったら、人間、思ったよりできるよ。引退前に頑張っていたときも、めっちゃ調子良かってん。ただ、振り返ると、もうちょっとこういうふうに練習できたなとか、足りない部分があったなって思う。まだ伸びしろはあったよ。今、現役復帰して自分には伸びしろしかないと思えるくらいだから、若い友野くんはまだまだうまくなる要素だらけ。新しい4回転ジャンプも、「自分にはできる、絶対にやるんだ」と思って努力していかないとなしえないことだしね。

だから今友野くんに伝えたいのは、「絶対できる！」。実現するのは自分の心であって、体はそれについてくるんよ。「できている自分」をイメージして、それを心の底から信じられるかどうか。それは羽生くんと一緒に試合に出て近くで見たときに感じた。羽生くんは自分のことを信じている。「絶対できる、絶対大丈夫」って思っているんよね。僕は自分を信じる力が足りなかったと思う。信じていないわけじゃないけど、どこか「ここまで」って思っちゃっていたというか、「プルス・ウルトラ（もっと先へ）」を信じられへんかった。

友野　僕もそこがあまり強くないので、まず大きな目標を言って、追い込みながら頑張ろうとしていて。羽生くん、昌磨くん、優真くんを見ていると、自分はまだまだやなって思います。

織田　自分をそれだけ信じるのも才能だったり、性格や生まれ育った環境によるのかもしれへんけど……。

友野　何かを変えていかないといけませんからね。自分が変わってしまうくらいの目標設定と努力をしてみたいです。そこまで真剣に何かに取り組むって素敵なことだと思うし、「どうなってしまうんだろう、この1年半」っていうワクワクもあるんです。この過程を大切にして過ごしたいと思います。

織田　ソチには行けなかったけど、ほんまにあのシーズンが一番しびれてたよ。終わったときは一日泣いたし悔しかったけど、安堵感も半端なくて。そういう、しびれるシーズンがあるのがアスリートの良いとこやと思う。スケーターとしても人としても、その経験が財産になっているからね。友野くんにも、一番しびれる1年半を過ごしてほしい。

友野「一番しびれる1年半」って、めちゃくちゃ響きました。

織田 争える位置にいるからこそやからね。誰でも味わえるものでもないから、思いきり楽しんでほしい。しんどいな、逃げたいなと思ったときは、「今、どこまでしびれているかな」って考えてみて、「ふふっ」て笑ってもう1回頑張れるといいなと思う。

あらためて、友野一希選手の素晴らしいところ

織田 友野くんは、氷の上から人に与える影響力がすごいよね。オーラがあって、人を惹きつけたり巻き込んだりする力がすごく強い。だから、良いときはみんな喜ぶけど、悪いときはみんな悲しいみたいな空気が流れるときあるやろ？　こう言うのは申し訳ないけど。

友野　あはは。

織田　そういう力を持っているスケーターは、今のスケート界には少ないように思うんです。どちらかといえば、僕らの世代の人たちのほうが濃いキャラクターを持っている人が多かったよね。友野くんのそのキャラクターは武器。オリンピックの選考では、ジャンプが成功するかどうか、何点出せるか、順位はどうなのかに目が行ってしまうけど、友野くんの良さは武器として絶対に握りしめておいてほしい。ライバルたちへのプレッシャーにもなってくるからね。お互いプレッシャーのかけ合いやから、そこは遠慮したらあかんよ。友野くんは優しいから、相手にプレッシャーをかけようとはしないかもしれないけど、周りが勝手にかかっていることはあるやろうね。

友野　なるほど、ありがとうございます。

織田　この本を読んでくださっている人で、友野くんの演技を見たことがない人はぜひ見てほしい。きっとみんなファンになると思います。

まず、音楽が鳴り始めたところから、すごくいい表情をするでしょ。表情管理が素晴らしすぎます。僕はけっこう表情が固まっちゃうから、すごいと思う。

それから、一つひとつのリズムをとらえて、隙なく演技をしているところ。普通はジャンプのあととかスピンのあとにちょっとした隙ができるわけだけど、曲は絶え間なく流れているわけで。友野くんは常に曲を無視することなく、大事に演技しているよね。フィギュアはそういう細かいところが大事で、どこで力を抜いてどこで力を入れるかというタイミングを完璧にコントロールできるように毎日練習しています。友野くんはどの曲でもタイミングをバチッとはめて演技できるから、引きこまれるんです。

1位のスケーターだけが主人公なわけじゃない

織田 友野くんがフィギュア観戦初心者の方に向けて、フィギュアの魅力を語るとしたらどう?

友野 僕は毎年、その年の自分のプログラムを一番好きになることを心がけています。どのプログラムも、「今年のプログラムが一番や!」って思ってやっています。誰よりも印象に残りたいし、試合に負けたとしても「このプログラム良かったよね」と言われたい。そこがフィギュアスケートの良さだと思うんです。もちろん金メダルを獲るスケーターが一番すごいし、僕もそれを目指しているけど、1位のスケーターだけが主人公じゃないんですよね。あの4分間、あの2分40秒くらいの間だけは絶対にその人だけの空間にできる。勝ち負けではなく、人を感動させることができるんです。たとえばジャンプなどの難易度が低い構成でもノーミスで美しい演技ができたら、印象を残すことができます。これは他の競技にはない魅力だと思っています。

こう強く思ったのは、ジュニアの頃です。2016年のジュニアグランプリの横浜大会で、僕の前に滑ったのはインドのスケーターでした。祖国ではローラースケートで練習をしていて、「こんなに広くてきれいなスケート場で滑るのは初めて」と、幸せを噛みしめるように滑っていたんです。それこそ点数は3点くらいしか取れません。要素がこなせないから。でも、あふれる喜びが見ている人全員に伝わっていました。彼は技術はないかもしれないけど、技術以上のものを表現していたんですよね。いまだにあの演技は忘れられないですもん。

フィギュアスケートは技術を超えた何か可能性のあるスポーツで、それを競技として楽しめるところがすごい。なんなら競技だからこそ起きるマジックもあるから、面白いんです。

織田　うんうん。ほんまにそう。

「なんかわからんけどいいな」を大切に

友野　料理で言ったら、作り方のテクニックみたいなもんで、何を一番おいしいと思うかは人それぞれじゃないですか。町中華がいい人もいれば高級料理がいい人もいる。同じような材料だったとしても表現の幅は広いですよね。そうした表現の中に、良い、悪いがあるわけじゃなくて、それぞれが信じたおいしさ、良いと思った表現を突き詰めた形を楽しむことができるのがフィギュアスケートの良さやなって。不思議なことに、それぞれの表現を突き詰めると点数にも反映されるもので、僕らもその「なんかわからんけどすごい」を追い求めているんです。

観戦初心者の方が最初に何を見たらいいかと聞かれたら、それはやっぱり1位の人の演技です。最高峰を見てほしい。同時に、順位にかかわらず「なんかわからんけどいいいな」っていう感覚を大切にしてほしいとも思います。その「いいな」も、いろいろ見ていくうちに方向性が変わることもあるでしょう。それもフィギュアスケートの面白さです。

僕の目標は、フィギュアを楽しむ「入口」にもなれて、かつ、たくさん見てきた人の中でも「いいよね」って言ってもらえるフィギュアスケーターになることです。わがままですけど。

織田　「なんかわからんけどいいな」の感覚、大切にしてほしいよね。今のフィギュアスケートは、僕もテレビで見ていると、すごくいいと思ったのに意外と点数が低いことってけっこうあるんです。でも、点数が低いからそのスケーターが上手ではないのかといったらそうとも言えなくて。いろいろなルールに照らし合わせると、回転不足だったとかミスがあったから点数に反映されなかったということなんです。言ってみれば全日本選手権まで出ている選手たちはみんなスケート上手やから、点数は低くても「いいな」と思ったんやったら、「自分はこのスケーターのこういうところが好きやな」って考えてもらえたらありがたいな。

まだまだいける!! これからの目標

友野 織田くんの今後の目標を聞いてもいいですか?

織田 今は全日本選手権に出ることを目標にして、一生懸命練習しています（この対談が行われたのは2024年9月。その後、全日本選手権に出場し、4位と健闘を果たすが、2024—2025シーズンで現役生活に終止符を打った）。全日本に出るのは一つの結果やけど、僕がもう一つ目標にしているのは、おっさんにしか出せない意地と根性とスケートへの執着心を見せること。若い子たちに見てもらって、何かを感じてほしいと思っているんよ。「かっこ悪いわ、この人」と思ってもらってもいいし、「なんかおもろいな」でもいいよ。とにかく、この歳で必死にスケートに向き合う背中を見せたい。そのためには最高に自分を仕上げないといけないから、中途半端な覚悟でできることやないけど。自分の子どもにも「お父さん、かっこいい」って思ってもらえるようにやっていくのが今の目標です。

友野　これは言っておきたいんですけど……、かっこいいです。一緒に国体に出たとき、ショートが終わって織田くん本気で悔しがっていたじゃないですか。

織田　めっちゃ泣いた（笑）。

友野　それを見て僕、勇気をもらったんですよ。正直に言うと、最初は「なんで復帰したんだろう？」って疑問に思っていました。でも、国体で見た織田くんは本気でスケートに向き合っていて。自分より上の世代の人がこれだけ真剣にやっている……って、すごく胸に響くものがあって、「僕もまだまだいける」って本当に思いました。僕も、無限の可能性を示していきたいです。

経験を重ねてきたからこその「自分の高め方」って、何かあるんですか？

織田　感謝の気持ちやね。昔の現役選手の頃は、スケートができる環境も、人に応援してもらえるのも当たり前の状態だったけど、今はこんなおっさんを応援してくれる人は珍しいから、応援してもらえるのも本当にありがたいし、練習できる環境もありがたいよ。感謝の気持ちを忘れないことで、自分が高まっていく感じはあると思う。今日も練習ができた。ありがとうございます。そうやって過ごしていたら落ち込まないしね。

友野くんはどう？

友野　今は、何よりも自分の気持ちを大切にしながらスケートに向き合い、努力していきたいという気持ちが強いんですけど、いろいろな人が応援してくれていることは感じています。支援してくれている企業さん、先生方、トレーナーさん、親、「チーム友野」として動いてくださっている方、応援してくださっている方たちへの感謝の気持ちは忘れたくないですね。フィギュアスケートはとくに、周りの環境のおかげが大きいですから。

織田　練習場所が限られているからね。

それから、友野くんと同じく僕も負けず嫌いなところがあって。自分に負けたくない。もっと自分はできるんちゃうかなって思うんよね。世界中見渡しても、この歳でフィギュアスケートをやっている人は少ないから、本気でやったらどうなるんやろっていう答えを出してみたい。人を励ますほどの力はないかもしれないけど、「37歳でスケートやったらこんな感じなんや」って、そんな情報もあったほうがおもろいから。多くの人がやったことのないことをやってみたいという気持ちが、自分のモチベーションを高めているところもあると思う。

あらためて聞きたいんやけど、友野くんの目標は？

友野　直近の目標はオリンピックの日本代表になることです。そのチャンスがあるなら、全力で追い求めるつもりです。それから、長期的な目標もあります。もっと多くの人にフィギュアスケートをやろうと思ってもらえるように、魅力を伝えていくことです。フィギュアスケートは、今でこそ競技人口は増えましたけど、まだまだ「見る競技」だと思うんです。お金の面もあってハードルが高いところがありますよね。でも、競技としてだけではなく、子どもから大人まで生涯スポーツのような感じでもっとラフにやることもできると思います。ボウリング場に行くのと同じ感覚でスケート場へ行くというような、身近なスポーツになればいいなと思うし、そうなれば面白いスケーターがたくさん生まれるんじゃないかと思います。

僕はけっこう遠回りをしてきたけど、フィギュアスケートで良かったと思います。やっぱりフィギュアスケートが好きなんです。ただ、この魅力を伝えるに足る人物にはまだ達していないと思うので、その努力が必要だと思っています。まずはスケートと向き合うこと。そして、一生向き合い続けることかな。

織田　僕たちには無限の可能性があるよ。頑張っていこうな!

著者略歴

織田信成（おだ・のぶなり）

1987年生まれ。大阪府出身。バレエ、フィギュアスケートの指導者である母の影響で幼少時からフィギュアスケートを始める。2005年、世界ジュニア選手権で優勝を果たし注目を集める。08年全日本選手権優勝、10年バンクーバーオリンピック出場（7位入賞）。14年ソチオリンピック出場をかけた全日本選手権で総合4位に終わり、オリンピック出場を逃すと同時に引退を表明したが、22年秋、9年ぶりに競技会への復帰を表明。24年12月には全日本選手権に出場し、4位と健闘を果たすが、2024−2025シーズンで現役生活に再び終止符を打った。現在はプロフィギュアスケーター、解説者、タレントなどとして多彩に活躍。また「芸術的感性を磨く」をコンセプトにジラフスポーツスクールを21年に開校し、後進の育成に取り組んでいる。著作に、『フィギュアとは“生き様”を観るスポーツである！』『フィギュアほど泣けるスポーツはない！』（共にKADOKAWA）がある。

SB新書　684

眠《ねむ》れなくなるほど面《おも》白《しろ》いフィギュアスケート案《あん》内《ない》

2025年2月15日　初版第1刷発行

著　　者　織《お》田《だ》信成《のぶなり》
発 行 者　出井貴完
発 行 所　SBクリエイティブ株式会社
〒105-0001　東京都港区虎ノ門2-2-1
装　　幀　杉山健太郎
写　　真　伊藤孝一
イラスト　岸 潤一
本文デザイン
D T P　株式会社キャップス
図　　版
編集協力　小川晶子
校　　正　株式会社ヴェリタ
印刷・製本　中央精版印刷株式会社

本書をお読みになったご意見・ご感想を下記URL、
または左記QRコードよりお寄せください。
https://isbn2.sbcr.jp/26433/

落丁本、乱丁本は小社営業部にてお取り替えいたします。定価はカバーに記載されております。
本書の内容に関するご質問等は、小社学芸書籍編集部まで必ず書面にて
ご連絡いただきますようお願いいたします。

ISBN　978-4-8156-2643-3